Generis

PUBLISHING

Chrétien, réveille-toi! Il est temps.

LA BONNE NOUVELLE DE LA VENUE DU ROYAUME DE DIEU SUR LA TERRE

Est enfin arrivée pour ceux qui l'attendent impatiemment
« Heureux les pauvres en esprit car le royaume des cieux est à eux »

Pascal Assongwa

CIP a Camerei Naționale a Cărții

Assongwa, Pascal.

La bonne nouvelle de la venue du royaume de Dieu sur la terre : Est enfin arrivée pour ceux qui l'attendent impatiemment "Heureux les pauvres en esprit car le royaume des cieux est à eux" / Pascal Assongwa. – Chișinău : Generis Publishing, 2020 (Print on demand). – 75 p. : tab.

ISBN 978-9975-153-78-2.

27-29

A 89

Cover image: www.pixabay.com

Generis Publishing
Online orders: www.generis-publishing.com
Orders by email: info@generis-publishing.com

VISION 2020 EN MARCHE...
CYKABOY
LE ROYAUME DE DIEU COMMENCE DANS LE COUPLE.SI UN MARIE ET UNE FEMME SONT LIÉS PAR UN AMOUR VRAI ET BÂTISSENT ENSEMBLE UNE FAMILLE IDÉALE,CELLE- CI AURA UNE INFLUENCE DIRECTE SUR LE MONDE...SMM
Poster Maker

TABLE DES MATIERES

INTRODUCTION

Nous parlons de la « bonne nouvelle du royaume », sujet tellement intéressant pour les religieux en général et particulièrement pour les chrétiens. En fait c'est quoi cette « bonne nouvelle du royaume » ?

Depuis le temps le plus ancien, l'humanité reconnait se retrouver dans un monde mauvais par son système qui ne permet pas la satisfaction de tout un chacun. L'homme se trouve devant des antivaleurs, des injustices sociales, des corruptions, … À cela il pense qu'il peut y avoir un système parfait, capable d'établir la paix et répondre parfaitement au besoin de tout un chacun selon ses aptitudes et ses œuvres, dans la paix, la justice et la vérité. Ainsi, depuis lors, l'homme s'est mis à se battre dans la philosophie, par la réflexion, cherchant des principes de base pour établir une société juste et parfaite où il pourra exploiter un bonheur parfait dans la paix.

Cette recherche de l'homme par sa propre réflexion a abouti par la mise en place des sociétés avec des systèmes qui n'ont toujours pas atteint le but poursuivi : la monarchie, le communisme, la démocratie, … Tous ces systèmes sociaux qui ont vu le jour jusqu'à présent n'ont pas été en mesure de mettre en place une société qui le satisfait totalement. Jusqu'à présent la lutte philosophique continue.…

De l'autre côté, la religion a révélé à l'homme une vérité : Tout ce qui existe à un auteur qui est Dieu. Ainsi, la société idéale aspirée par l'homme ne peut se réaliser sans l'apport ou l'approbation de Dieu.

Selon les religions Abrahamiques (Judaïsme, Christianisme et l'islam) et le christianisme en particulier, Dieu a créé l'homme pour qu'il vive dans une société idéale qui pouvait satisfaire au besoin non seulement de chaque être humain, mais aussi de toutes les autres de Ses créatures. Cette société idéale prévue par Dieu est connue sous le nom du « royaume de Dieu sur la terre ».

Ces religions enseignent qu'il était question à l'homme d'obéir à la « parole ou commandement de Dieu » pour qu'il vive éternellement dans Son royaume. Malheureusement l'homme n'a pas fait ce que Dieu lui a recommandé, c'est pourquoi il s'est retrouvé en dehors de système de Dieu, donc dans une société contraire à celle qui a été prévue par Dieu.

« La bonne nouvelle du royaume » est donc cette « parole ou commandement » que l'homme devait observer, ce qui allait lui permettre à vivre éternellement dans la société idéale de Dieu. À cause de sa désobéissance à la « bonne nouvelle du royaume », l'homme s'est retrouvé non seulement en dehors du système de Dieu comme nous venons de le dire, mais il s'est retrouvé aussi dans l'ignorance[(Os4 :6)]. L'homme était ignorant de Dieu son créateur, de lui-même et de son environnement.

Mais Dieu, par Son amour, en dépit de la faute de l'homme, S'est mis à le rééduquer tout au long de l'histoire pour le ramener à son état originel, c'est-à-dire lui permettre à revenir dans Son royaume. Cette rééducation de Dieu à l'homme pour le récupérer se fait par le moyen des révélations : Dieu choisit une personne à qui Il révèle Sa vérité et c'est à cette personne de faire un effort pour d'abord bien la comprendre puis transmettre à ses contemporains[(Hb5:1-4)].

Dieu appliquait le principe d'adaptation : plus que le temps passait, plus que le niveau de l'homme s'élevait, plus que Dieu lui faisait de nouvelles révélations adaptées à son niveau. Il s'est alors posé des problèmes en rapport avec la compréhension de la personne qui a reçu la révélation de Dieu et en rapport avec le principe d'adaptation.

Concernant les personnes à qui Dieu révèle la vérité, beaucoup ont transmis à leurs interlocuteurs des erreurs soit parce qu'ils n'ont pas bien compris et interprété le message que Dieu leur a donné[(2P3 :15-16)], soit parce qu'ils ont inséré leur sentiment humain (orgueil, haine, jalousie,) dans le message transmis. Tel est l'exemple des pharisiens et des scribes à l'époque de Jésus[(Jr23 :29-36)].

Avec le principe d'adaptation, les interlocuteurs ont eu de peine à s'adapter à une nouvelle expression de la vérité de Dieu, ils ont toujours voulu se maintenir dans leur ancienne compréhension, attitude qui avait coûté cher à toute nouvelle personne à qui Dieu avait donné une nouvelle expression de la vérité par rapport à son temps ; c'est pour cette raison que la bible rapporte que presque toutes les personnes que Dieu a envoyées ont connu de difficultés énormes dans leur mission[(Mt23 :37 ; Act7 :51-52)]. Par exemple, si nous avons foi à Jésus aujourd'hui, ce n'était pas le cas avec ses contemporains (les juifs) ; ceux-ci ne croyaient pas à lui mais plutôt à Moise : *« Il leur répondit : Je vous l'ai déjà dit, et vous n'avez pas écouté ; pourquoi voulez-vous l'entendre encore ? Voulez-vous aussi devenir ses disciples ? Ils l'injurièrent et dirent : C'est toi qui es son disciple ; nous, nous sommes disciples de Moïse. Nous savons que Dieu a parlé à Moïse ; mais celui-ci, nous ne savons d'où il est. »*[(Jn9 :27-29)]

Ces difficultés n'ont pas laissé la providence de Dieu progresser normalement pour atteindre ses objectifs, il s'est fait que dans le monde de religions se sont développés plusieurs points de vus contradictoires, ce qui a rendu difficile l'accomplissement de rêve de Dieu sur la terre.

Si nous prenons seul l'exemple du christianisme au sujet de la compréhension du royaume de Dieu, nous allons nous rendre compte que non seulement chaque confession a sa façon de comprendre ou mieux parler de chaque groupe de confessions, mais même chaque chrétien d'un même groupe confessionnel a sa façon de comprendre ce que c'est le « royaume de Dieu ».

D'une manière générale le christianisme présente deux grands groupes de compréhension sur le sujet de « royaume de Dieu » : ceux qui pensent que le royaume de Dieu sera établi sur la terre, c'est-à-dire que la venue de la souveraineté de Dieu dans la société humaine, et ceux qui pensent à un royaume qui ne sera plus possible sur cette terre, c'est un royaume qui se fera au ciel ou dans le monde spirituel où réside Dieu, Dieu ayant déjà abandonné ce monde physique à Satan.

Malgré ces compréhensions divergentes du « royaume de Dieu », le point commun du christianisme comme des autres religions qui existent est l'ignorance de l'explication claire sur la manière dont Dieu a prévu à l'origine la réalisation de ce royaume. C'est ce que nous présentons aux lecteurs de cet ouvrage.

Cet ouvrage qui est conçu sous l'inspiration de la révélation de Dieu pour notre temps, présente clairement le royaume de Dieu et sa bonne nouvelle, c'est-à-dire qu'il explique d'abord d'une manière claire ce royaume, puis démontre sa faisabilité pragmatique. En terme clair, cet ouvrage démontre comment il est très possible d'accomplir le royaume de Dieu avec des mécanismes que Dieu a prévus depuis l'origine.

Il est vrai que la manière dont cet ouvrage présente et explique le royaume de Dieu paraitra très différente de ce que ses lecteurs ont appris dans leurs églises. De ce fait nous pouvons leur demander de prier sincèrement Dieu et mettre de côté tout jugement fanatique centré sur des choses extérieures, mais plutôt d'y appliquer un jugement sincère, objectif avec toute conscience, car la bible dit « *Sages, écoutez mes discours ! Vous qui êtes intelligents, prêtez-moi l'oreille ! Car l'oreille discerne les paroles, Comme le palais savoure les aliments. Choisissons ce qui est juste, Voyons entre nous ce qui est bon* »[(Job34 :2-3)].

Sachons aussi qu'une nouvelle expression de la vérité a toujours été confrontée à des difficultés à son apparition mais à la longue elle finit par gagner le terrain. Dit-on « *la vérité est têtue et finit toujours par triompher* ». Il suffit de se poser la question suivante : « si *j'étais présent à l'époque de Jésus quand on l'appelait Belzébul, quand ses disciples (voire lui-même) étaient considérés comme des blasphémateurs, comment allais-je me comporter ? »*. Car Jésus a amené une nouvelle expression de la vérité différente de ce que ces contemporains croyaient et enseignaient, *seuls ceux qui avaient fait un jugement sincère et juste, qui n'avaient aucun esprit fanatique et qui ne visaient aucun intérêt ou être influencés par les amis et connaissances, ceux qui ont refusé leurs familles (père ou mère, frère ou sœur) à cause de la vérité ont suivi Jésus et ont vu Dieu en Jésus ; ne l'ayant pas considéré comme une personne ordinaire en se soumettant volontiers à ses ordres malgré son apparence extérieure !* C'est pour cette raison que Jésus nous a préparés avec son sermon sur la montagne*(Mt5 :1-12)*, nous prévenant de garder toujours une bonne attitude devant l'apparition d'une nouvelle expression de la vérité et savoir endurer en cas des persécutions par les conservateurs incrédules.

Ces conseils nous recommandent :

- A être toujours humbles comme des petits enfants cherchant à chaque instant à connaitre *(Mc10 :13-16)* car le Royaume de Dieu appartient à ceux qui sont « pauvres en esprit » *(Mt5 :3)* c'est-à-dire ceux qui se sentent toujours dans le besoin d'apprendre du fait que ce qui retient les gens à ne pas accepter et suivre la vérité, c'est l'orgueil. Un orgueilleux n'a plus d'oreille pour écouter les autres, n'a que confiance à ce qu'il connait et pense que personne ne peut connaitre plus que lui. Or la bible condamne cette attitude en déclarant ce qui suit :

« Celui qui se tient à l'écart ne cherche que son désir, il se déchaine contre toute raison. Ce n'est pas à l'intelligence que l'insensé prend plaisir, c'est à la manifestation de ses pensées »(Pro 18 :1-2).

Selon cette écriture, celui qui se confie à son propre point de vue est un insensé qui n'a pas à faire avec l'intelligence mais ne fait que compliquer la situation. En plus, dans le même cadre d'idées, Jésus dit *« Si vous étiez aveugles, vous n'auriez pas de péché. Mais maintenant vous dites : Nous voyons. C'est pour cela que votre péché subsiste »* *(Jn9 :41)*. Jésus, par ces paroles condamnait l'arrogance : dire que je vois ou que je connais, c'est être arrogant, mieux vaut être humble et accepter qu'on ne connait pas pour apprendre.

Sans intention d'apprendre, un orgueilleux minimise toujours ce que les autres disent, et doutent de cela sans aucune preuve, ni arguments mais au contraire, il veut que tout le monde l'écoute même lorsque ce qu'il soutient est une fausseté. Alors qu'en soutenant ses faussetés, il se bloque d'accéder à la vérité en bloquant également ceux qui l'écoutent. Par ce fait, le chemin de l'enfer est ouvert non seulement pour lui, mais aussi pour ceux qui l'écoutent. Jésus dit *« L'homme bon tire de bonnes choses de son bon trésor, et l'homme méchant tire de mauvaises choses de son mauvais trésor. <u>Je vous le dis: au jour du jugement, les hommes rendront compte de toute parole vaine qu'ils auront proférée. Car par tes paroles tu seras justifié, et par tes paroles tu seras condamné.</u> »*[(Mt 12 :35-37)].

- A toujours chercher la vérité car il est dit *« heureux ceux qui ont faim et soif de la vérité car ils seront rassasiés »*[(Mt 5 : 6)].

- *A avoir un cœur pur (sans tâche de fanatisme ou d'attachement aux biens matériels, au pouvoir et honneur ou à autre quelconque intérêt) car il est dit « heureux ceux qui ont le Cœur pur car ils verront Dieu »*[(Mt 5 :8)].

-*A être prêts pour toute persécution possible (survenant lorsqu'on défend la vérité) et cela à tous les niveaux possibles (familial, social,) pour que le Royaume des cieux nous appartienne. C'est aussi pour cette raison que Jésus a déclaré avoir amené l'épée au lieu de la paix*[(Mt 10 :34-36)]. *C'est en cherchant la paix dans le monde que nous serons appelés « les fils de Dieu »*[(Mt 5 :10-12)].

Les disciples de Jean Baptiste et les pharisiens avaient manifesté l'attitude d'orgueil devant Jésus et ses disciples, pensant avoir beaucoup de connaissances et de pratiques de la Parole par rapport à Jésus. Voici un extrait de la bible :*« Les pharisiens virent cela, et ils dirent à ses disciples : Pourquoi votre maître mange-t-il avec les publicains et les gens de mauvaise vie ? Ce que Jésus ayant entendu, il dit : Ce ne sont pas ceux qui se portent bien qui ont besoin de médecin, mais les malades. Allez, et apprenez ce que signifie : Je prends plaisir à la miséricorde, et non aux sacrifices. Car je ne suis pas venu appeler des justes, mais des pécheurs. Alors les disciples de Jean vinrent auprès de Jésus, et dirent : Pourquoi nous et les pharisiens jeûnons-nous, tandis que tes disciples ne jeûnent point ? »*[(Mt 9 :11-14)]. Vu ce comportement, Jésus leur répondit *« Personne ne met une pièce de drap neuf à un vieil habit ; car elle emporterait une partie de l'habit, et la déchirure serait pire. On ne met pas non plus du vin nouveau dans de vieilles outres ; autrement, les outres se rompent, le vin se répand, et les outres sont perdues ; mais on met le vin nouveau dans des outres neuves, et le vin et les outres se conservent. »*[(Mt 9 :16-17)].

Le vin dont a parlé Jésus, c'est la révélation de Dieu. Comme nous l'avions expliqué au début, Dieu applique toujours la méthode d'adaptation. Les pharisiens avaient confiance à la révélation que Dieu a donnée à Moise[Jn 9:28-29], et les disciples de Jean Baptiste quant à eux, croyaient aussi à la révélation que Dieu a donnée à leur maitre (Jean Baptiste)en plus de ce à quoi les pharisiens avaient foi. Or Jésus était porteur d'une nouvelle expression de la vérité qui représentait « *le vin nouveau* », qu'eux ne pouvaient plus y faire confiance. C'est la raison pour laquelle Jean et ses disciples qui préparaient la venue du Messie, se sont trouvés loin de ce Messie – Jésus - jusqu'à ce que ce soit Paul, qui n'a même pas vaincu en Israël à cette époque, qui vienne les baptiser au nom de Jésus[Act 19 :1-7].

Comme nous l'avions dit, les pharisiens faisaient beaucoup plus confiance à leur connaissance de la parole de Dieu (venue de Moise et des prophètes) qu'à la nouvelle expression de la vérité qu'a apportée Jésus. De même que les disciples de Jean, le précurseur, eux faisaient excessivement confiance à l'enseignement de leur maître. Cette même attitude se manifestera au second avènement : les gens seront beaucoup attachés à ce qu'ils connaissent qu'à la nouvelle expression de la vérité de Dieu [2Tim 4 : 3 - 4] et surtout les adeptes de ceux qui viendront en position de précurseurs du second avènement ,du fait qu'ils auront déjà bu du « vin ancien » (l'enseignement que leur maitre – le précurseur – leur aura déjà donné) et c'est ce qui leur créera l'obstacle pour accepter le « vin nouveau » qu'apportera le Messie (seigneur du second avènement)

La bible exprime ce comportement de précurseur du seigneur du second avènement et de ses disciples dans le livre de l'Apocalypse de Jean, où on parle de sept anges de l'Eglise : ces 7 anges représentent les messagers que Dieu a prévu d'envoyer le long de parcours chrétien pour préparer le retour du christ, comme les prophètes dans l'ancien testament sont venus pour préparer la première venue du messie[Act 3:23-24]. Le septième ange étant le dernier, est celui qui est censé représenter le précurseur du second avènement qui viendra comme Jean était venu comme précurseur pour le premier avènement. Voici ce que l'esprit de Jésus dit à ce 7eme ange : « *... parce que tu dis je suis riche, je me suis enrichi et je n'ai besoin de rien, et parce que tu ne sais pas que tu es malheureux, misérable, pauvre, aveugle et nu. Je te conseille d'acheter chez moi de l'or éprouvé par le feu afin que tu deviennes riche, et des vêtements afin que tu sois vêtu et que la honte de ta nudité ne paraisse pas, et des collures pour oindre tes yeux, afin tu voies. Moi je repends et je corrige tout ce que j'aime. Aie donc du zèle et repens-toi ! Voici : je me tiens à la porte et je frappe. Si quelqu'un attend ma voix et ouvre la porte, j'entrerai chez, et je souperai avec lui et lui avec moi.* »[Ap3 :17-20].

Cette déclaration prouve ce que pourrait être le précurseur du second avènement du Christ, qui risquerait d'avoir un comportement pouvant égarer plusieurs personnes qui lui auraient déjà fait confiance en ayant foi à la vérité qu'il apportera, en moins qu'il (précurseur) se rabaisse et se rallie au seigneur du second avènement en acceptant d'acheter auprès de lui *"de l'or éprouvé par le feu afin qu'il devienne riche, et des vêtements afin qu'il soit vêtu et que la honte de sa nudité ne paraisse pas, et des collures pour oindre ses yeux, afin qu'il voie."* C'est une telle attitude qui lui (précurseur) permettra d'accepter d'ouvrir son cœur pour recevoir le seigneur du second avènement puis conduire tous ses disciples vers le messie.

Donc, la principale condition pour que le précurseur accomplisse sa mission vis-à-vis du messie est l'attitude d'humilité sincère et franche. Au cas contraire, si le précurseur ne se rallie pas au seigneur du second avènement, seuls les chrétiens qui seront à la recherche sincère de la vérité découvriront le messie, comme c'était le cas pour le premier avènement, seuls deux disciples de Jean ont découvert Jésus.

Mais cette compréhension risque de ne pas être accepté par une majorité de chrétiens parce que beaucoup confondent " l'âge" à l'ange. Nous devons comprendre que le christianisme devait traverser 7 âges dans son parcours au modèle de judaïsme, initié chacun par un ange c'est-à-dire un messager. L'esprit s'adressait aux anges c'est-à-dire aux initiateurs des églises et non aux âges. Selon la révélation de W.M.Branham, la 1ère église est celle d'Ephèse avec comme ange Paul, suivie de l'église de Smyrne avec Iréné puis l'Eglise de Thyature avec Martin, l'Eglise de Pergame avec Colomba, l'Eglise de Sardes avec Luther, l'Eglise de Philadelphie avec J. Wesley et enfin l'Eglise de Laodicée avec un nouveau retour d'Elie qui est Branham lui-même. Toutes ces églises, selon leurs caractéristiques comparées aux caractéristiques décrites dans l'Apocalypse, peuvent encore être détectées aujourd'hui.

Or, à voir ce qui se passe dans des églises actuellement, la situation est très déplorable : les chrétiens ne cherchent plus à connaitre la vérité sur la volonté de Dieu, ils sont au service de leurs églises et/ou de leurs pasteurs à tel enseigne qu'ils sont devenus comme des supporteurs des équipes de football qui ne défendent que leurs équipes sans tenir compte de la réalité. On chante Jésus, on le glorifie fanatiquement sans intérêt de vouloir connaitre en profondeur le but de sa venue sur la terre et de quoi a-t-il besoin pour l'humanité. Beaucoup de chrétiens ont placé leur foi sur les démonstrations miraculeuses, les intérêts matériels (bénédiction dans le sens d'avoir beaucoup d'argents ou de biens matériels), …que sur la conviction à la vérité (le roc).

Cette attitude est tellement pitoyable et dangereuse, c'est une distraction pure et simple, ce que la bible appelle «*sommeil dans la nuit* »[(1Thes 5:2, 2Pi 3:10)], du fait qu'on a abandonné l'important pour se donner aux accessoires. En effet, Jésus lui-même a présenté ce qui est important lorsqu'il dit « *Ceux qui me disent : Seigneur, Seigneur ! N'entreront pas tous dans le royaume des cieux, mais celui-là seul qui fait la volonté de mon Père qui est dans les cieux. Plusieurs me diront en ce jour-là : Seigneur, Seigneur, n'avons-nous pas prophétisé par ton nom ? N'avons-nous pas chassé des démons par ton nom ? Et n'avons-nous pas fait beaucoup de miracles par ton nom ? Alors je leur dirai ouvertement : Je ne vous ai jamais connus, retirez-vous de moi, vous qui commettez l'iniquité* »[(Mt7 :21-27)].

L'important n'est donc pas de glorifier Jésus ou de faire des multiples miracles à son nom, mais plutôt d'accomplir la volonté de Dieu, son père, car c'est qu'il est venu faire sur la terre   (il n'est pas venu pour se faire glorifier ou faire des miracles) selon qu'il dit : « car je suis descendu du ciel non pour faire ma volonté mais la volonté de Celui qui m'a envoyé»[(Jn6:38)]. Il est alors question de savoir ce qu'est la volonté de Dieu et de chercher comment l'accomplir : c'est ce qui est très important. C'est comme ce que Jésus avait condamné aux juifs et aux disciples de Jean baptisait lorsqu'il a constaté que ceux-ci avaient abandonné le commandement de Dieu qui etait l'important pour s'attacher à des traditions des hommes C'est ainsi que dans cet ouvrage nous n'avions expliqué clairement que la volonté de Dieu [(Mc7 :1-13)]. C'est bien de glorifier Jésus tout en sachant et pratiquant la volonté de Dieu, dans ce cas on est vrai adorateur qui adore en esprit et en verité[(Jn 4:22-24)].

Le pire est surtout que beaucoup de responsables des églises empêchent leurs partisans de suivre les enseignements des autres églises, de lire des ouvrages ou brochures, d'accepter ceux qui se disent être envoyés par Dieu, mais au contraire ils les exigent de se contenter tout simplement de ce qu'eux enseignent même si ceux-ci peuvent y constater des points obscurs non logiques et ambigus, ils ne sont pas autorisés à poser des questions pour éclaircissement ou à discuter de peur d'être taxés des satanistes ou des personnes charnelles ou sans Eprit-saint : c'est l'attitude qu'avaient les juifs (les scribes et les pharisiens) à l'époque de Jésus[(Jn9 :22 ;12 :42)].

Nous sommes devant cette épreuve aujourd'hui : notre attitude peut donner soit la joie, soit la tristesse à Dieu. C'est un jugement qui est devant nous : sommes-nous sincères et francs devant Dieu ou hypocrites ? Sommes-nous en mesure de corriger l'erreur commise par les juifs au temps de Jésus et donner la joie à Dieu à notre temps (aujourd'hui) ?

LE ROYAUME DE DIEU SUR LA TERRE ET SA BONNE NOUVELLE

Le royaume de Dieu est l'espoir de toute l'humanité. C'est un système mondial parfait sous la souveraineté établie par Dieu en régnant sur tout ce qu'Il a créé à travers l'homme qui L'incarne : un système où règnent absolument la paix, la justice et la vérité, chaque personne reçoit le fruit de ses œuvres, pas de corruption ni autres antivaleurs mais au contraire toutes les créatures de Dieu depuis les choses les plus élémentaires jusqu'à l'homme sont satisfaites.

Pour établir ce royaume sur la terre, Dieu a prévu révéler à l'homme « la bonne nouvelle du royaume », une vérité capable de le guider. C'est une vérité qui enseigne clairement à l'homme ce qu'est la volonté de Dieu. La volonté de Dieu est l'accomplissement du but pour lequel Il a créé toutes les choses y compris l'homme. L'aboutissement de ce but, c'est rien autre que l'établissement de Son royaume sur la terre. La bible parle tantôt du royaume de Dieu sur la terre, tantôt du royaume des cieux sur la terre. Dans ce dernier, le ciel ne désigne pas le firmament ou un ciel géographique mais au contraire comme nous allons l'expliquer un peu plus tard, le ciel a plutôt le sens du niveau spirituel plus élevé qui soit, comme on peut imaginer la demeure de Dieu lorsque nous prions « notre père qui es au cieux », alors que géographiquement Dieu est « omniprésent ».

 Ce mot « ciel » a rendu compliquée la compréhension (l'interprétation) de la bible surtout en rapport avec l'avènement du Christ - la venue du Christ sur la terre. Les juifs ont eu difficile à accepter Jésus comme le Messie parce qu'il était né au lieu de descendre du ciel comme plusieurs prophéties le déclaraient. Et Jésus lui-même, bien que né sur la terre, disait au contraire qu'il est descendu du ciel[(Jn6 :38)]. Sans bien comprendre le sens de ce mot, les chrétiens aussi risquent gros lors du second avènement du Christ.

Pour mieux comprendre ce mot, nous devons en premier lieu comprendre ce qu'est le royaume des cieux et comment Dieu a-t-il prévu l'établissement de ce royaume sur la terre ?

L'ETABLISSEMENT DU ROYAUME DE DIEU SUR LA TERRE

L'établissement du royaume de Dieu sur la terre est la mission de l'homme, le but pour lequel Dieu l'a créé. En effet, après avoir conçu et mise en place une entreprise, l'entrepreneur aura besoin d'un bon gestionnaire à qui il place toute confiance, capable de comprendre sa vision par rapport à cette entreprise et la rendre concrète.

De même que Dieu, après avoir créé toutes les choses, avait besoin d'un être capable de concrétiser Son rêve. Ainsi dit-Il pour la création de l'homme « *Faisons l'homme à notre image, selon notre ressemblance, et qu'il domine sur les poissons de la mer, sur les oiseaux du ciel, sur le bétail, sur toute la terre, et sur tous les reptiles qui rampent sur la terre. Dieu créa l'homme à son image, il le créa à l'image de Dieu, il créa l'homme et la femme* » [Gn1 :26-27].

Cela prouve que l'homme a été conçu par Dieu avec l'intention de faire de lui Son gérant, gestionnaire de Son entreprise (Sa création). C'est la raison pour laquelle Il a prévu le créer avec une performance très élevée, « *à Son image, à Sa ressemblance* », avec la capacité de comprendre Son cœur et Sa volonté pour qu'il soit en mesure de concrétiser Son rêve, c'est-à-dire la substantialisation de Son royaume sur la terre.

Après avoir créé l'homme selon Son plan, Dieu lui montre comment il pourra procéder pour accomplir le but pour lequel Il l'a créé. La bible rapporte : « *Dieu les bénit, et Dieu leur dit: « Soyez féconds, multipliez, remplissez la terre, et l'assujettissez; et dominez sur les poissons de la mer, sur les oiseaux du ciel, et sur tout animal qui se meut sur la terre* » [Gn1 :28]. Puis finalement Dieu va révéler à l'homme la condition à observer pour réussir la mise en pratique de cette procédure en lui disant «*Tu pourras manger de tous les arbres du jardin; mais tu ne mangeras pas de l'arbre de la connaissance du bien et du mal, car le jour où tu en mangeras, tu mourras* » [Gn2:17].

En premier l'homme devait devenir fécond, en second lieu il devait se multiplier et remplir la terre et finalement aboutir au but pour lequel Il l'a été créé c'est-à-dire « *dominer sur les poissons de la mer, sur les oiseaux du ciel, et sur tout animal qui se meut sur la terre* ».

Que signifie être fécond ?

« *Être fécond* » signifie avoir la capacité de féconder c'est-à-dire atteindre la maturité, car un enfant ne devient fécond que par la maturation. En disant à l'homme soyez fécond, Dieu lui a demandé d'atteindre la maturité. Or la maturité pour Dieu n'est pas seulement sur le plan physique mais aussi sur le plan spirituel. Ainsi, pour sa maturité physique, Dieu a prévu pour l'homme la nourriture physique en lui disant « *Tu pourras manger de tous les arbres du jardin* » et pour sa maturité spirituelle, l'homme devait observer le commandement de Dieu « *mais tu ne mangeras pas de l'arbre de la connaissance du bien et du mal, car le jour où tu en mangeras, tu mourras* ».

L'homme qui a atteint la maturité physique et spirituelle est un homme parfait comme Dieu. Il fait « un » avec Dieu, il est le temple ou demeure de Dieu [Actes7 :48-50, 1cor3 :16]. C'est pour dire que la première recommandation de Dieu à l'homme était d'être parfait « *comme le Père céleste est parfait* »[Mt 5 :48].

L'homme sans péché en recevant la vérité de Dieu,devient«*une âme vivante* »[Gn2 :7],il doit alors l'expérimenter jusqu'à l'incarner pour qu'il devienne «*un esprit vivifiant* »[1co1:45-47] ou« *arbre de vie* » [Pr 3 :13-18 ; Ap22 :14]. « *L'âme vivante* » peut être considérée dans le langage courant comme « *bébé spirituel* », tandis que l'esprit vivifiant, c'est la maturité à la fois physique et spirituelle, c'est un homme sans péché dont l'esprit et le corps sont harmonieusement unis, l'unité se manifestant entre l'acte et la conscience : tout ce qu'il fait est dicté rien que par sa conscience. Il est appelé « esprit *vivifiant* » parce qu'il est déjà mur dans la parole qu'il incarne et capable de la transmettre aux autres. En transmettant la parole qui est vie, il transmet donc la vie, ce qui veut dire « *vivifier* ». Il est « *arbre de vie* » parce que ses fruits sont vie. En incarnant la parole, il fait « *un* » avec Dieu, ses actes manifestent la volonté de Dieu. Il est donc le temple de Dieu.

Un homme parfait est comme Dieu, il tient tout son corps en bride c'est-à-dire qu'il se guide lui-même, il fait le bien sans que personne ne lui exige (faire le bien c'est son devoir comme Dieu) et pas d'erreur dans ses paroles c'est-à-dire que son enseignement est parfait, il ne dit et n'enseigne que la vérité [Jq 3 :2-3].

Il est celui qui a posé le fondement de foi, sur lequel il a posé la vertu, sur la vertu la connaissance (science), sur la connaissance la tempérance, sur la tempérance la piète, sur la piète l'affection fraternelle puis au-dessus de tout l'amour vrai qui couronne sa perfection car sans l'amour vrai il n'y a pas de perfection [2Pi1 :5-7 ; 1 Cor 13 :1-13].

Que signifie se multiplier et remplir la terre ?
L'homme peut, entant qu'individu, atteindre sa maturité seule, mais pour qu'il se multiplie, l'homme a besoin d'un partenaire c'est-à-dire d'un conjoint. Cela nous fait comprendre qu'en demandant à l'homme de se multiplier et remplir la terre,

Dieu voulait que l'homme se marie après avoir atteint la maturité pour qu'avec son partenaire, qu'ils se multiplient et remplissent la terre selon Sa volonté. Donc la deuxième recommandation de Dieu à l'homme signifie la perfection sociale partant d'un couple parfait ordonné par Dieu. Avec ce mariage, Adam et Ève parfaits seraient devenus la vraie manifestation de Dieu sur la terre, ce que la bible fait allusion à « *Emmanuel* » ou « *trône de Dieu sur la terre* ». Les enfants d'Adam et Ève seraient les enfants de Dieu, leur lignage serait celui de Dieu, centré sur l'amour vrai de Dieu, tous les habitants de la terre seraient unis autour d'un seul ancêtre (Adam), une seule coutume (celle établie par Adam selon que Dieu lui a montré) et un seul langage (celui d'Adam). Une telle humanité est une société humaine parfaite.

Que signifie dominer sur les poissons de la mer, sur les oiseaux du ciel, et sur tout animal qui se meut sur la terre ?

Ici c'est la relation entre l'homme (la société humaine) et son environnement. Après que l'homme ait formé une société parfaite constituée des hommes parfaits (responsables), ceux qui, avec leur conscience, prendraient la responsabilité d'entretenir, de protéger et contrôler l'environnement avec un sens professionnel et amour, chacun se basant de son don (talent, spécificité). Cela permettrait la mise en place d'un environnement sain respectant les lois écologiques et de conservations de la nature.

Accomplissement du royaume de Dieu, but pour lequel Dieu créa.

Comme nous l'avions déjà expliqué ci-haut, lorsque les trois recommandations de Dieu pour l'homme à savoir la perfection individuelle, la perfection sociale et la perfection environnementale sont accomplies, c'est l'établissement de royaume de Dieu sur la terre: un monde sain avec un environnement sain, une société humaine sainte, unie autour d'un seul ancêtre, un seul lignage, une seule tradition (coutume) dite la tradition ou le système de Dieu et un seul langage issu de l'ancêtre unique, voilà ce que la bible appelle « *le royaume de Dieu ou des cieux* »

LES TENTATIVES DE DIEU POUR L'ETABLISSEMENT DE SON ROYAUME SUR LA TERRE

PREMIERE TENTATIVE DE DIEU POUR L'ETABLISSEMENT DE SON ROYAUME SUR LA TERRE

C'est à Adam et Ève que Dieu a confié la mission d'établir Son royaume sur la terre, c'est pour cette raison que « *L'Éternel Dieu forma l'homme de la poussière de la terre, il souffla dans ses narines un souffle de vie et l'homme devint un être vivant. Puis l'Éternel Dieu planta un jardin en Éden, du côté de l'orient, et il y mit l'homme qu'il avait formé. L'Éternel Dieu fit pousser du sol des arbres de toute espèce, agréables à voir et bons à manger, et l'arbre de la vie au milieu du jardin, et l'arbre de la connaissance du bien et du mal* » [Gn2 :7-9].

Dieu mit Adam dans des conditions agréables et le forma en lui révélant « *la bonne nouvelle du royaume* » pour qu'il sache comment accomplir sa mission telle que nous l'avions expliquée plus haut. En effet, le souffle de vie fait allusion à la Parole de Dieu (la bonne nouvelle du royaume) qu'Il a transmise à Adam.

Si Adam et Ève auraient pu obéir à cette parole de Dieu jusqu'à l'incarner, ils auraient pu devenir parfaits les deux, chacun individuellement et cela aurait permis qu'en se mariant sous l'ordre et la bénédiction de Dieu, ils deviennent un « *couple béni de Dieu* ». Cette famille bénie de Dieu aurait vécu dans l'amour vrai de Dieu et plus tard elle aurait constitué un clan puis une tribu, une nation et finalement un monde sous Dieu. À cause de l'amour vrai, ce monde serait uni et n'aurait qu'un seul ancêtre commun Adam, une seule coutume et un seul langage. Ce monde issu d'Adam et Ève aurait su entretenir son environnement d'une manière saine en respectant les lois écologiques et de conservation de nature. Donc Adam et Ève auraient formé un monde parfait dans un environnement parfait ; c'est le royaume de Dieu sur la terre.

Le fait qu'Adam et Ève n'avaient pas obéi à l'ordre de Dieu comme relate la bible, ils ne sont pas devenus parfaits et n'ont pas mis en place un monde et un environnement parfaits selon la volonté de Dieu. Ils sont devenus au contraire les auteurs du monde déchu, le monde dans lequel nous nous retrouvons : la famille d'Adam et Ève était devenue déchue et s'est développée en clan déchu, tribu déchue, nation déchue jusqu'à devenir un monde hors des Principes de Dieu, centré sur Satan, alors le lignage de Satan fut établi avec amour faux entrainant des divisions, des mésententes, d'où plusieurs ancêtres, plusieurs coutumes, plusieurs langages, … Un monde dont l'histoire est celle de haines, de luttes (guerre) et de conflits. Au lieu que Dieu se réjouisse de la multiplication des personnes sur terre comme Il a recommandé à l'homme de se multiplier et de remplir la terre, Dieu dit « *Plus ils se sont multipliés, plus ils ont péché contre moi : Je changerai leur gloire en ignominie* » *(Osée 4 : 7)*. Paul va même aller jusqu'à déclarer «*je pense qu'il est bon pour l'homme de ne point toucher de femme*". *(1cor7 :1)*

DEUXIEME TENTATIVE DE DIEU POUR L'ETABLISSEMENT DE SON ROYAUME SUR LA TERRE

À cause de la chute d'Adam et Ève, le royaume n'a pas été établi. Mais Dieu est déterminé à accomplir Sa volonté, le but pour lequel Il a créé (Es 46 :10-11). Cette détermination est la motivation de Dieu d'envoyer le Messie sur la terre. Ce dernier est un mot d'origine araméenne signifiant « *oint* ». « *Oindre une personne* », c'est la tradition juive, donnant à cette personne l'autorité ancestrale. Le Messie est donc celui à qui Dieu donne l'autorité ancestrale, il prend la place d'Adam c'est-à-dire qu'il devient le second Adam, le premier ayant perdu sa position à cause de sa chute (désobéissance à la parole de Dieu). Ainsi, le Messie entant qu'Adam il vient pour reprendre la mission que Dieu a confiée à l'homme, celle d'accomplir le but de la création, ce qui ne veut dire qu'établir le « *royaume de Dieu* » sur la terre,
. C'est pour cette raison que le Messie est considéré comme s'il a existé avant ses aïeux d'autant plus qu'il est en position d'Adam, et que ceux-ci (ses ancêtres) doivent renaitre à travers lui pour appartenir dans le lignage de Dieu. Ceci justifie certaines expressions de la bible par exemple Jésus qui dit *"avant qu'Abraham ne fût, je suis* " *(Jn8 :58)*.

Ce faisant, le Messie doit devenir parfait, doit former une famille parfaite sous Dieu qui doit se développer en clan, tribu, nation jusqu'à devenir un monde parfait et enfin, il doit mettre en place un système environnemental parfait.

En bref, le Christ ou le Messie - second Adam - vient pour sauver ce qui était perdu *(Mt 18 :11)*, c'est-à-dire corriger la faute du Premier Adam. Vu la grandeur de sa mission, du fait que toute l'humanité était déjà corrompue *(Rm5 :12)*, Dieu a pris la responsabilité de préparer (purifier) l'environnement où ce grand homme pourrait atterrir. Ainsi, fallait-il un peuple bien disposé formant une nation élue *(Luc1 :16-17)* : un individu qui devait être soumis à des conditions de purifications et sortir victorieux, partant de qui Dieu devait trouver une semence de la nation élue provenant de sa famille.

C'est dans cette nation élue que Dieu devra faire apparaitre le Messie qui mènera la providence au niveau mondial et initiera la cérémonie de la renaissance partant de sa famille, processus qui ferait de lui l'unique ancêtre de toute l'humanité suivant le modèle de système idéal qui a été prévu par Dieu dès le commencement, non accompli par Adam.

Le Messie vient donc pour remettre le pouvoir royal (l'autorité royale) de la terre toute entière à Dieu par établissement du royaume que Dieu voulait à l'origine à travers Adam et Ève. Voici ce que déclare la Bible à ce sujet : *« Car, puisque la mort est venue par un homme, c'est aussi par un homme qu'est venue la résurrection des morts. Et comme tous meurent en Adam, de même aussi tous revivront en Christ, mais chacun en son rang. Christ comme prémices, puis ceux qui appartiennent à Christ, lors de son avènement. Ensuite <u>viendra la fin, quand il remettra le royaume à celui qui est Dieu et Père</u>, après avoir détruit toute domination, toute autorité et toute puissance. (…) Mais lorsqu'il dit que tout lui a été soumis, il est évident que celui qui lui a soumis toutes choses est excepté. Et lorsque toutes choses lui auront été soumises, alors <u>le Fils lui-même sera soumis à celui qui lui a soumis toutes choses, afin que Dieu soit tout en tous</u> »*[(1cor15 :21-28)]. *C'est* la nation élue qui devait être la première à renaitre et les autres suivraient par après [(Actes3 :26 ; 13 :26)].

Depuis la famille d'Adam, passant par celle de Noé et d'Abraham, Dieu n'est venu trouver un vainqueur qu'à la personne de Jacob - fils d'Isaac et petit- fils d'Abraham - qui a été qualifié du nom d'Israël ce qui veut dire *« vainqueur »*. C'est la raison pour laquelle la bible appelle Dieu : *«le Dieu d'Abraham, d'Isaac et de Jacob »*.

Après cette victoire, il s'est passé 2000 ans environ, pendant que Dieu ne faisait qu'envoyer une chaine des prophètes âge par âge en préparatifs de ce messie [(Actes 3 :22-24)]. Après ces 2000 ans, un homme apparaitra déclarant venu préparer arrivée du Messie. Cet homme répondait au nom de Jean le baptiste, fils de Zacharie et d'Elizabeth. Du fait que parmi les prophètes que Dieu a envoyés, il y a eu un qui s'appelait Malachie, connu en Israël comme réformateur du Judaïsme, qui a prophétisé le retour d'Elie avant l'apparition du messie, les juifs avaient raison de se poser des questions de savoir qui était ce Jean le baptiste. C'est pourquoi ils ont, à partir de siège de l'église (Jérusalem), envoyé une délégation auprès de Jean Baptiste pour avoir de précision[(Jn 1 : 19-21)]. Au même moment, pendant qu'il n'y avait pas encore de clarté sur la situation de Jean le baptiste, une autre personne au nom de Jésus apparaitra, que ce même Jean le proclame comme *« Messie »* tant attendu.

Cette situation a créé une confusion dans le Judaïsme et dans tout Israël : par rapport à l'entendement juif, et même d'Israël en général, le messie ne pouvait pas apparaitre de la manière dont s'est passé l'avènement de Jean le baptiste et de Jésus. Selon leur interprétation des prophéties : le Messie ne pouvait apparaitre qu'après l'apparition d'Elie. Ce dernier est un prophète qui n'était pas mort mais plutôt monté au ciel par un chariot de feu[2Rois2 :11]. C'est pourquoi, suivant la prophétie de Malachie, les juifs comprenaient qu'Elie et le Messie sont ensemble au ciel et ils vont apparaitre successivement en descendant du ciel, Elie précédant le Messie. C'était une surprise pour les juifs ! Par rapport à leur compréhension des écritures, les juifs ne s'attendaient pas à la naissance ni d'Elie, ni du Messie [Jn7 :25-31,52].

Devant cette contradiction, posons-nous la question de savoir : est-ce Jésus était-il réellement ce Messie attendu par les juifs ?

En lisant la bible conformément aux prophéties faites dans l'ancien testament, nous confirmons que Jésus est vraiment le Messie. Cependant, la mauvaise interprétation des écritures (selon leur entendement) par les juifs, leur sentiment de méfiance à l'apparence de Jésus[Jn 7 :24], aussi bien que leur orgueil, ne leur ont pas permis d'être en mesure d'accepter Jésus comme le Messie. La bible dit *« Car le cœur de ce peuple est devenu insensible ; Ils ont endurci leurs oreilles, et ils ont fermé leurs yeux, de peur qu'ils ne voient de leurs yeux, qu'ils n'entendent de leurs oreilles, qu'ils ne comprennent de leur cœur, qu'ils ne se convertissent, et que je ne les guérisse »* [Mt13 :15].

Les sacrificateurs juifs se comportaient en hypocrites : *extérieurement* ils paraissaient comme des personnes cherchant à plaire à Dieu alors qu'en réalité, intérieurement, ils visaient plutôt le pouvoir, les intérêts et les honneurs. Leur préoccupation n'était pas de connaitre et d'enseigner la volonté de Dieu pour ensuite voir comment l'accomplir, mais était plutôt leur protection pour se maintenir chacun à sa position [Mt23 :1-39, Jn12 :43].

En plus de cela, il n'y avait pas une bonne collaboration entre Jean et Jésus. Bien que Jean Baptiste l'ait présenté comme *« l'agneau de Dieu qui ôte le péché de l'humanité »* [Jn 1 :29], cela n'a pas suffi car de lui est écrit :*« Et toi, petit enfant, tu seras appelé prophète du Très Haut;(…). Pour diriger nos pas dans le chemin de la paix. »*[Luc1 :76-79]. Ceci montre que Jean devait jouer aussi le rôle de diriger les pas de juifs vers le Messie symbole de la paix [Mi 5 :4 ; Eph2 :17].

En bref, Jean est celui qui devait faciliter la mission de Jésus. C'était à Jean de faire tout de son mieux, même au risque de sa vie, pour que Jésus soit reconnu et accepté par tout Israël comme le Messie. En effet c'est celui qui aménage la route qui souffre par rapport à celui pour qui cette route est aménagée. Jean devait préparer pour Jésus un peuple bien disposé [Lc1 :16-17]. La bible rapporte-elle que Jésus a trouvé un peuple disposé pour lui ? La réponse est non, parce que Jésus s'est mis a cherché lui-même ses propres disciples dont deux seulement étaient les dissidents de Jean.

Mais Jean Baptiste, au lieu de faire ce qu'il fallait, il a plutôt abandonné Jésus à son triste sort en déclarant « *Il faut qu'il croisse, et que je diminue* » [Jn3 :30]. Qui allait faire croitre Jésus alors que c'est bien lui (Jean Baptiste) qui avait cette mission, étant donné qu'il a été dit de lui « *de préparer le chemin du Messie* » ? Ceci a rendu difficile la mission de Jésus car n'ayant plus quelqu'un pouvant le soutenir en faisant sa propagande et prouver auprès de la population que c'est bien lui le messie que les juifs attendent. De ce fait il n'y avait plus moyen que les gens suivent Jésus. Les juifs à leur tour, n'ayant pas eu de preuves et des témoignages convaincants de son messianisme [Jn 8 :13 ; Luc20 :1-2], ont rejeté Jésus, l'ont fait souffrir jusqu'à le crucifier.

Jésus déclarant au sujet de Jean « *Heureux celui pour qui je ne serai pas une occasion de chute!* », il a trouvé qu'il était devenu une occasion de chute pour Jean du fait que Jean n'a pas cru en lui, tenant compte de son apparence. Donc Jean a connu une chute à cause de ce qu'il a vu en Jésus différent de ce que lui pensait du Messie. Jean pensait, en analysant ses déclarations, que le Messie sera un grand monsieur de façon qu'il ne croyait même pas être en mesure de délier ses lacets et de ce fait il avait l'idée comme-ci le Messie serait un pharisien. Cela montre comment Jean avait des illusions dans la compréhension de la révélation que Dieu lui a donnée par rapport à la venue du Messie pour qui il était précurseur [Mt4 :11, Jn 1 :26-27]. Sur ce, Jésus l'appela « *un roseau agité par le vent* », il a trouvé en Jean une attitude ambivalente, sa foi n'était plus stable : lui-même a proclamé Jésus comme Messie, il va par la suite envoyer ses disciples pour demander à Jésus « *Es-tu celui qui doit venir, ou devons-nous en attendre un autre* ».

A la fin de compte, au sujet de Jean, voici ce que Jésus déclare « *Je vous le dis en vérité, parmi ceux qui sont nés de femmes, il n'en a point paru de plus grand que Jean-Baptiste. Cependant, le plus petit dans le royaume des cieux est plus grand que lui. Depuis le temps de Jean-Baptiste jusqu'à présent, le royaume des cieux est forcé, et ce sont les violents qui s'en emparent. Car tous les prophètes et la loi ont prophétisé jusqu'à Jean ; et, si vous voulez le comprendre, c'est lui qui est l'Élie qui devait venir. Que celui qui a des oreilles pour entendre entende.* » [Mt 11 :2-15].

Ici Jésus est clair, c'est Jean qui a rendu difficile l'accomplissement du royaume des cieux sur la terre, nécessitant la violence. En effet,« *Ceux qui sont nés de femmes* » désignent les descendants d'Adam et Ève déchus habitant la terre car tous ont été nés des femmes. Jésus montre que devant les hommes déchus du monde, Jean était plus grand ; alors que dans le royaume des cieux (la souveraineté ou système de Dieu), il était le plus petit. Or « *le plus petit dans le royaume des cieux* » est « *Celui (donc) qui supprimera l'un de ces plus petits commandements, et qui enseignera aux hommes à faire de même …*» [Mt5 :19]. Où est alors la place de Jean si le plus petit dans le royaume des cieux tel que défini (par Jésus) est <u>plus grand</u> que lui ?

Pouvons-nous dire que Jean continuait à demeurer le vrai prophète de Dieu ? La réponse est non, il a été envahi par Satan ! C'est pourquoi nous chrétiens devons faire aussi beaucoup d'attention car Jésus dit que plusieurs faux prophètes viendront au temps du second avènement et induiront beaucoup de gens en erreur. Un prophète devient « faux » lorsqu'il commence à agir par sentiment, selon ses propres convictions[Jr 14:13-14, 23:9-40; Os9 :7-9] comme Jean qui, l'esprit lui montre Jésus comme Messie mais il se permet de douter de cela à cause tout simplement du fait que ce que l'esprit lui a montré était contraire à ce que lui imaginait (pensait).Mais aujourd'hui les chrétiens ne savent pas cette vérité, ils se sont convaincu par les enseignements qu'ils ont déjà reçus de leur pasteurs qu'un prophète de Dieu ne peut en aucun être envahi par Satan et devenir un faux prophète, alors que dans la bible il y a des versets qui montrent clairement cela est possible, un peut agir par sentiment et parler de ce que Dieu ne lui a pas dit[Jer 14:13-14; 23:1-40,...]

Qu'allait-il arriver si Jean baptiste était uni à Jésus et devenu son premier disciple, toujours à côté de lui comme étaient Pierre et les autres ?

Entant que Messie, s'il pouvait obtenir de soutien, Jésus devait, comme nous venions de l'expliquer ci-haut, accomplir les trois recommandations de Dieu pour l'homme, à savoir devenir parfait, trouver une épouse parfaite avec qui il allait former une famille parfaite pour ouvrir au monde le lignage de Dieu dans lequel se trouve le germe de l'amour vrai, semence originelle de Dieu [Jr23 :5-8]. Jésus lui-même l'a implicitement expliqué dans   Mt 23 :37-39, si on comprend que la poule et ses poussins forment une famille. C'est la famille de Jésus qui devait se développer en un monde parfait centré sur Dieu. Jésus allait initier un système environnemental parfait. Ainsi on allait assister à un monde parfait dans un environnement parfait : c'est l'établissement **du** « royaume de Dieu » sur la terre. Jésus est donc venu pour établir le royaume de Dieu [Luc4 :43] c'est-à-dire sauver ce qui a été perdu par le premier Adam [Mt18 :11].

Quand Jésus reprochait les juifs en disant :
« *Jérusalem, Jérusalem, qui tues les prophètes et qui lapides ceux qui te sont envoyés, combien de fois ai-je voulu rassembler tes enfants, comme une poule rassemble ses poussins sous ses ailes, et vous ne l'avez pas voulu ! Voici, votre maison vous sera laissée déserte ; car, je vous le dis, vous ne me verrez plus*

désormais, jusqu'à ce que vous disiez : Béni soit celui qui vient au nom du Seigneur ! » [(Mt23 :37-39)],

Il leur montrait sa vraie mission, ce qu'il est venu faire sur la terre, qui était de « *rassembler les enfants de Dieu (les juifs) comme une poule rassemble ses poussins* », c'est-à-dire former la famille de Dieu – le royaume de Dieu sur la terre – qui devait partir de Jérusalem. Jean baptiste ne disait-il pas « *repentez-vous car le royaume de cieux et proche* » ? C'est par rapport à la mission de Jésus le messie qu'il faisait cette déclaration.

Jean a proclamé Jésus en disant "*voici l'agneau de Dieu qui ôte le péché de l'humanité* ". Que veut dire "le péché de l'humanité ou "péché du monde" ? Ce n'est pas un péché individuel mais plutôt un péché universel à toute l'humanité, autrement appelé "péché originel", c'est-à-dire péché lié au lignage de sang. Étant donné qu'après leur chute, Adam et Ève étaient devenus déchus, liés à Satan, leur lignage était également lié à Satan, c'est pour cette raison que la bible nous appelle « *race de vipère(Satan)* » [(Mt3 :7 ; 12 :34 ; 23 :33)] ou encore « *fils de diable (…vous avez pour père le Diable et vous voulez accomplir le désir de votre père…* » [(Jn8 :44)] et cela parce que   « *…, comme par un seul homme le péché est entré dans le monde, et par le péché la mort, et qu'ainsi la mort s'est étendue sur tous les hommes, parce que tous ont péché* »[(Rom 5:12)].

Toute personne a donc dû être née avec le péché originel du fait du lignage déchu. Comment le Messie, Jésus, aurait-il pu ôter ce péché de l'humanité ? C'est en créant d'abord le lignage de Dieu sur la terre par sa famille, puis changer le lignage de Satan venu du premier Adam en lignage de Dieu par la cérémonie de la renaissance qu'il devait initier pour permettre ceux qui sont nés dans le lignage déchu du premier Adam d'appartenir dans son lignage qui est le lignage de Dieu. Pour obtenir le salut, toute personne devait passer par cette cérémonie. C'est pour cette raison que la bible parle du salut de l'humanité par le sang du Christ, c'est-à-dire par le lignage du christ à travers la cérémonie de renaissance et non en versant son sang par crucifixion, sinon le monde serait déjà transformé en royaume de Dieu sur terre depuis que Jésus était crucifié il y a de cela 1985 ans déjà.

Parce que les juifs, peuple préparé par Dieu pour recevoir le Messie, n'ayant pas été attentifs à leur mission [(luc19 :41-44)], n'ont pas permis à Jésus d'accomplir sa mission messianique, au contraire ils ont « *retranché* » sa vie sur la terre sans qu'il n'eût formé une famille pour avoir des descendants (une postérité) « *Dans son humiliation, son jugement a été levé. Et sa postérité, qui la dépeindra ? Car sa vie a été retranchée de la terre* »[(Actes 8 :33)]. Jésus était précipité à la mort par la crucifixion à cause de l'incrédulité de peuple juif.

Paul a beau regretté pour cette situation en écrivant « *sagesse qu'aucun des chefs de ce siècle n'a connue, car, s'ils l'eussent connue, ils n'auraient pas crucifié le Seigneur de gloire* » *(1cor2 :8)*.

De même que Pierre « *cet homme, livré selon le dessein arrêté et selon la prescience de Dieu, vous l'avez crucifié, vous l'avez fait mourir par la main des impies* » *(Actes 2 :23)*. « *Le Dieu d'Abraham, d'Isaac et de Jacob, le Dieu de nos pères, a glorifié son serviteur Jésus, que vous avez livré et renié devant Pilate, qui était d'avis qu'on le relâchât. Vous avez renié le Saint et le Juste, et vous avez demandé qu'on vous accordât la grâce d'un meurtrier. Vous avez fait mourir le Prince de la vie, que Dieu a ressuscité des morts ; nous en sommes témoins* » *(Actes 3 :13-15)*.

Etienne fit solennellement cette déclaration « *Hommes au cou raide, incirconcis de cœur et d'oreilles ! Vous vous opposez toujours au Saint Esprit. Ce que vos pères ont été, vous l'êtes aussi. Lequel des prophètes vos pères n'ont-ils pas persécuté ? Ils ont tué ceux qui annonçaient d'avance la venue du Juste, que vous avez livré maintenant, et dont vous avez été les meurtriers, vous qui avez reçu la loi d'après des commandements d'anges, et qui ne l'avez point gardée! ...* » *(Actes 7 :51-53)*

Et Jésus lui-même ne voulait pas aussi qu'on puisse le tuer *(Jn7 :19)*, car pour lui, le tuer était accomplir la volonté de Satan « *Je sais que vous êtes la postérité d'Abraham; mais vous cherchez à me faire mourir, parce que ma parole ne pénètre pas en vous. Je dis ce que j'ai vu chez mon Père ; et vous, vous faites ce que vous avez entendu de la part de votre père. Ils lui répondirent : Notre père, c'est Abraham. Jésus leur dit : Si vous étiez enfants d'Abraham, vous feriez les œuvres d'Abraham. Mais maintenant vous cherchez à me faire mourir, moi qui vous ai dit la vérité que j'ai entendue de Dieu. (…) <u>Vous avez pour père le diable, et vous voulez accomplir les désirs de votre père.</u> Il a été meurtrier dès le commencement, et il ne se tient pas dans la vérité, parce qu'il n'y a pas de vérité en lui. Lorsqu'il profère le mensonge, il parle de son propre fonds ; car il est menteur et le père du mensonge. Et moi, parce que je dis la vérité, vous ne me croyez pas* » *(Jn8 :37-44)*. C'est en lisant la parabole des vignerons méchants *(Mt21 :33—43)* qu'on comprend noir sur blanc comment Jésus que sa mission entant que fils (héritier) de Dieu n'était pas de venir mourir.

À voir ce qui s'est passé quand Jésus rendait l'âme sur la croix, nous constatons que même Dieu n'a pas été content de la mort de Jésus sur la croix. Voici comment la bible décrit la réaction de Dieu : « *Et voici, le voile du temple se déchira en deux, depuis le haut jusqu'en bas, la terre trembla, les rochers se fendirent, les sépulcres s'ouvrirent, et plusieurs corps des saints qui étaient morts ressuscitèrent.* » *(Mt 27 :51)*

Cette réaction de Dieu ne témoigne pas du tout Sa joie mais plutôt la colère, s'il faut la comparer à Sa réaction après la victoire de Jésus face aux tentations de Satan « *Alors Jésus fut emmené par l'Esprit dans le désert, pour être tenté par le diable. (…). Alors le diable le laissa. Et voici, des anges vinrent auprès de Jésus, et le servaient.* » [Mt 4 :1-11]. Ici la joie de Dieu se voit par le fait d'envoyer les anges pour servir Jésus.

Ce que nous pouvons retenir sur la mort de Jésus, ce n'est pas que Dieu l'a envoyé sur terre pour mourir sur la croix afin que l'humanité soit sauvée, comme il est connu par les chrétiens, mais plutôt comme nous l'avions éclairci. Jésus est venu pour accomplir la volonté de Dieu que le premier Adam n'a pas pu accomplir. La volonté de Dieu c'est l'établissement de son Royaume sur la terre. D'où, Jean baptiste, parlant de l'arrivée proche de Jésus entant que messie "*repentez-vous car le Royaume de Dieu est proche*" car il savait que le messie vient pour établir ce Royaume.

Néanmoins, Dieu savait au préalable, partant de plusieurs expériences de déceptions qu'Il avait déjà encaissées auprès de peuple juifs [Es1 :1-4, 65 :2], qu'il y aurait possibilité, malgré la préparation qu'Il avait faite en envoyant plusieurs prophètes en Israël [Actes 3 :24], de rejeter le messie. C'est pourquoi en vérifiant bien l'Ancien testament, nous retrouvons deux sortes de prophéties contradictoires en rapport avec l'avènement du messie : des prophéties qui postulaient que le messie sera le roi des rois [Mi 5 :1-5] et celles qui semblaient montrer que le messie va plutôt être rejeté et souffrir [Es 53].

Le fait de n'avoir pas compris la vraie signification de cette situation, la théologie chrétienne l'a interprétée comme si Dieu a prévu au préalable deux avènements pour le messie : le premier et le second. D'où d'abord des prophéties en rapport avec le premier avènement puis celles se rapportant au second avènement. Cette façon de comprendre n'est que le produit de raisonnement et réflexion de l'homme sans aucun lien avec l'histoire de la providence de Dieu pour la restauration de l'être humain. C'est purement une ignorance à la volonté de Dieu comme Paul l'a concrètement déclaré dans 1corinthiens 2 :8 et Pierre dans Actes des apôtres 3 :17

En réalité, tout dépendait de l'attitude que prendrait les juifs devant l'avènement du messie : si ceux-ci accepteraient le messie et croiraient à sa parole, il deviendrait le roi des rois et sauverait l'humanité ; mais au contraire, au cas où les juifs le rejetteraient, il souffrirait en suivant le chemin de la croix ; dans ce cas, il jugerait l'humanité. C'est partant de cette explication qu'on peut comprendre la déclaration de Jésus lui-même dans Jean 3 :17-18, je cite "*Dieu, en effet, n'a pas envoyé son fils pour qu'il juge le monde, mais pour que le monde soit sauvé par lui. Celui qui croit en lui n'est point jugé ; mais celui qui ne croit pas est déjà jugé, parce qu'il n'a pas cru au nom du fils unique de Dieu.*" Jésus montrait deux probabilités par rapport à sa mission : salut ou jugement. Une de ses probabilités devait s'accomplir. Laquelle était-elle accomplie ? Lorsqu'il dit "*et ce jugement* (en d'autres versions : *voici le jugement), cela montre que c'est le jugement qui s'est accompli, ... les hommes ont préféré les ténèbres à la place de la lumière* » (Jn3 :19 ; 2Sam 22:26-28, 1Pi 2:4-10)

Sans avoir la lumière ci-haut, plusieurs versets de la bible tels que Mt3 :16, 16 :23, Mc10 : 45, … sont mal interprétées. Nous vous recommandons de lire la brochure « la vérité sur Jésus » pour comprendre davantage.

En dépit de ce qui s'est passé, vu la victoire de Jésus devant les tentations de Satan, son obéissance absolue à la volonté de Dieu(Jn 8: 55, 15:10) et son amour pour l'humanité(Luc 23 : 34) pour qui il a sacrifié sa vie physique, Dieu l'a ressuscité pour ouvrir la voie du salut spirituel par la renaissance spirituelle au lieu de la renaissance totale(physique et spirituelle) : le baptême dans le christianisme représente la cérémonie de la renaissance spirituelle par Jésus ressuscité en position d'Adam spirituel et le saint Esprit en position d'Ève spirituelle centrés sur Dieu. C'est pourquoi on baptise au nom du père (Dieu), du fils (Jésus ressuscité en position d'Adam spirituel) et le saint Esprit (Ève spirituelle).

Une personne baptisée n'a eu accès qu'au salut spirituel et non au salut total. Une telle personne a encore un litige physique auprès de Satan. L'exemple typique est Saint Paul qui dit « *Car je ne fais pas le bien que je veux, et je fais le mal que je ne veux pas. Et si je fais ce que je ne veux pas, ce n'est plus moi qui le fais, c'est le péché qui habite en moi. Je trouve donc en moi cette loi : quand je veux faire le bien, le mal est attaché à moi. Car je prends plaisir à la loi de Dieu, selon l'homme intérieur ; mais je vois dans mes membres une autre loi, qui lutte contre la loi de mon entendement, et qui me rend captif de la loi du péché, qui est dans mes membres.* »(Rom7 :22-23).

Cette écriture suffit pour comprendre que Paul n'a reçu que le salut spirituel mais pas physique, sa chaire étant encore sous la domination de Satan : « *... Ainsi donc, moi-même, je suis par l'entendement esclave de la loi de Dieu, et je suis par la chair esclave de la loi du péché* »(Rom 7 : 25).

Cette situation des chrétiens va continuer jusqu'à ce que la voie du salut total (spirituel et physique) soit ouverte. Écoutons la déclaration de Paul sur ce sujet :

« *Or, nous savons que, jusqu'à ce jour, la création tout entière soupire et souffre les douleurs de l'enfantement. Et ce n'est pas elle seulement ; mais nous aussi, qui avons les prémices de l'Esprit, nous aussi nous soupirons en nous-mêmes, <u>en attendant</u>*

l'adoption, la rédemption de notre corps. Car c'est en espérance que nous sommes sauvés. Or, l'espérance qu'on voit n'est plus espérance : ce qu'on voit, peut-on l'espérer encore ? Mais si nous espérons ce que nous ne voyons pas, nous l'attendons avec persévérance* » (Rom8 :22-24) :

C'est le but de la seconde venue du Messie ou le second avènement du Christ (Jésus a promis de revenir), le Messie revient pour libérer le corps qui est encore sous la domination de Satan.

En réalité le baptême qui se pratique dans le christianisme n'est pas normalement la cérémonie de renaissance qui a été prévue par Dieu pour la mission du Messie en vertu de salut de l'humanité. Jean baptiste dit :

« Moi, je vous baptise d'eau, pour vous amener à la repentance ; mais celui qui vient après moi est plus puissant que moi, et je ne suis pas digne de porter ses souliers. Lui, il vous baptisera du Saint Esprit et de feu. Il a son van à la main ; il nettoiera son aire, et il amassera son blé dans le grenier, mais il brûlera la paille dans un feu qui ne s'éteint point » (Mt3 :11-12).

Jésus ne devait pas baptiser d'eau comme Jean, son précurseur, la cérémonie de renaissance que Jésus allait initier devait plutôt être constituée du saint Esprit et du feu : le feu symbolise la parole de Dieu (Jér 23 :29, Luc12 :49), c'est-à-dire il symbolise le Messie qui est l'incarnation de cette parole ; et le saint Esprit, c'est la puissance de Dieu qui accompagne Sa parole. De ce fait, il est l'aide de celui qui incarne la parole de Dieu, ce qui veut dire qu'il est l'aide du Messie, donc son épouse (Aide d'Adam, c'est Eve, son épouse).

En un mot, le feu et le saint Esprit symbolisent le Messie et son épouse (second Adam et seconde Ève). La vraie cérémonie de la renaissance devrait se faire par un couple qui remplace le couple de premiers Adam et Ève, car on ne peut naitre ou renaitre qu'à travers les parents. L'humanité déchue est née d'Adam et Ève déchus, elle doit renaitre à travers un nouvel Adam (second Adam : Messie) et une nouvelle Ève (seconde Ève : l'épouse du Messie) qui deviennent les *« Vrais Parents »* de toute l'humanité. Ce n'est pas pour rien que les dix commandements que Dieu a prescrits à Moise étaient écrits sur deux tables de pierres, Dieu savaient que ces tables représentaient le Messie et son épouse qui devront venir pour sauver l'humanité.

Comme nous l'avions déjà maintes fois expliqué sur la mission de Jésus, suite à l'incrédulité du peuple juif et de doute de Jean baptiste, Jésus a repris la mission de Jean et a reporté sa vraie mission au second avènement. C'est pour cette raison qu'il a empêchée à ses disciples de ne plus continuer à le proclamer comme le messie, ayant découvert que Jean ne s'est pas fait connaitre aux juifs comme Elie, d'autant plus que ces derniers (les juifs) ont continué à être dans la confusion ^(Jn1 :19-21, Mt 16 :20, 17 :10-13). Cela prouve que Jésus a alors compris qu'il lui fallait prendre la position de Jean baptiste au lieu de continuer comme messie, c'est ainsi qu'il devait commencer à baptiser comme Jean le faisait ^(Jn3 :22-23). Et c'est ce modèle de baptême d'eau initié par Jean que les disciples de Jésus ont continué à pratiquer même après le départ de leur maitre dans le monde spirituel et cela a continué jusqu'à nos jours.

La différence entre le baptême de Jean et celui des disciples de Jésus après l'avènement de pentecôte est seulement en rapport avec le but : celui de Jean était pour la repentance alors que celui des disciples pour la renaissance ou le salut spirituel ^(Actes 19 :2-4).C'est cette différence qui peut différencier aussi les paroles prononcées pendant la cérémonie: la bible ne fait pas allusion aux paroles prononcées pendant le baptême de Jean mais du moins pour celui des chrétiens on parle de « *baptême au nom du père, du fils et du Saint-Esprit* » ^(Mt 28 :19) ou « *au nom de Jésus* »^(Actes 19 :5) selon W.M.Branham, ce que nous allons expliquer vers la fin

En définitif, concernant la mission de Jésus, selon ses propres déclarations, il est venu pour sauver l'humanité en condition que celle-ci l'accepte et croit en lui ; au cas contraire, au lieu du salut, c'est le jugement. A cela Jésus n'a pas présenté le salut mais le jugement.

Jésus dit « *Car Dieu a tant aimé le monde qu'il a donné son Fils unique, afin que quiconque croit en lui ne périsse point, mais qu'il ait la vie éternelle. Dieu, en effet, n'a pas envoyé son Fils dans le monde pour qu'il juge le monde, mais pour que le monde soit sauvé par lui. Celui qui croit en lui n'est point jugé ; mais celui qui ne croit pas est déjà jugé, parce qu'il n'a pas cru au nom du Fils unique de Dieu. <u>Et ce jugement c'est que, la lumière étant venue dans le monde, les hommes ont préféré les ténèbres à la lumière,</u> parce que leurs œuvres étaient mauvaises. Car quiconque fait le mal hait la lumière, et ne vient point à la lumière, de peur que ses œuvres ne soient dévoilées ; 21 mais celui qui agit selon la vérité vient à la lumière, afin que ses œuvres soient manifestées, parce qu'elles sont faites en Dieu.* » ^(Jn 3 :16-21).

S'il faut analyser profondément le langage de Jésus, nous allons nous rendre compte que Jésus lui-même montre que le salut n'a pas eu lieu à cause de comportement des juifs, mais c'est plutôt le jugement qui a eu lieu. Comme le salut n'a pas eu lieu, il nous faut nous entendre à un second avènement du Christ.

Le Christ reviendra pour donner le salut total ^(Rom 8 :23-24). C'est pour dire que dans le second avènement du Christ, la voie du salut total sera ouverte : le Messie après avoir atteint la perfection trouvera une épouse que lui-même entrainera à la perfection et ensemble ils formeront un couple parfait béni (ordonné) par Dieu, alors une famille parfaite bénie par Dieu verra jour pour la toute première fois dans le monde : c'est le début du règne de Dieu, car c'est partant de cette famille que Dieu trouverait un clan, une tribu, une nation et un monde : les vrais enfants de Dieu qu'a fait allusion Paul dans la bible au Romains 8 : 18-21 devront être révélés (manifestés) et la création toute entière être libérée. C'est également ce que la bible explique dans *Ap19 :6-7.*

Concernant la « bonne nouvelle du royaume » que Dieu lui a transmise étant second Adam, compte tenu des difficultés d'incrédulité qu'il a rencontrées, Jésus n'a pas pu l'exprimer librement, c'est pourquoi dans la bible par rapport au royaume de Dieu, Jésus s'est exprimé qu'en parabole *(Mt13, Mt20 :1-16 ; Mt22 :1-14 ; Mt25 :1-30 ; …)* en promettant de les éclaircir pendant son second avènement quand il reviendra sur terre *(Jn16 :25)*. Ainsi, aucun chrétien ne peut se vanter connaitre parfaitement la réalité du royaume de Dieu. Paul dit *« nous connaissons en partie et nous prophétisons en partie, quand ce qui est parfait sera venu, ce qui partiel disparaitra »* *(1Cor13 :9-10)*. Paul était donc conscient de la situation et aspirait à la venue d'une vérité de grande dimension et plus claire, qu'il appelle **« *ce qui est partait* »**

Nous devons comprendre que Jésus est venu pour ouvrir **l'âge du testament accompli** c'est-à-dire l'âge de l'accomplissement de toutes les prophéties qui ont été faites dans le Judaïsme. Jésus dit : *« Ne pensez pas que je sois venu pour abolir la loi et les prophètes. Je suis venu pour non pour abolir mais pour accomplir »* *(Mt5 :17)*. Du fait que le judaïsme a failli dans sa responsabilité, le christianisme est apparu pour corriger l'erreur du judaïsme et préparer de nouveau l'âge du testament accompli qui sera établi par le seigneur du second avènement.

TROISIEME TENTATIVE DE L'ETABLISSEMENT DU ROYAUME DE DIEU SUR LA TERRE : LE SECOND AVENEMENT DU CHRIST

Jésus a promis de revenir *(Mt 24 :29-31, Luc 17 : 20-24 et 18 : 1-8, …)*. Pourquoi reviendra-t-il ? C'est toujours pour accomplir la volonté de Dieu en établissant Son royaume sur la terre, vu que les juifs ne l'ont pas permis de le faire pendant sa première venue. C'est pour cette raison que Jésus nous a demandé de prier *« que Ton règne vienne, que Ta volonté soit faite sur la terre comme au ciel »* *(Mt 10 : 6)*, ce qui prouve que le règne de Dieu n'était pas encore venu sur la terre, ni Sa volonté être établie sur la terre comme au ciel, malgré sa crucifixion et sa résurrection.

Ce qui est surprenant est que vers la fin de son séjour sur la terre, lorsqu'il donnait à ses disciples le programme de sa seconde venue sur la terre, Jésus a fait cette illustration parabolique : « *Jésus leur adressa une parabole, pour montrer qu'il faut toujours prier, et ne point se relâcher. Il dit : Il y avait dans une ville un juge qui ne craignait point Dieu et qui n'avait d'égard pour personne. Il y avait aussi dans cette ville une veuve qui venait lui dire : Fais-moi justice de ma partie adverse. Pendant longtemps il refusa. Mais ensuite il dit en lui-même : Quoique je ne craigne point Dieu et que je n'aie d'égard pour personne, néanmoins, parce que cette veuve m'importune, je lui ferai justice, afin qu'elle ne vienne pas sans cesse me rompre la tête. Le Seigneur ajouta : Entendez ce que dit le juge inique. Et Dieu ne fera – t - il pas justice à ses élus, qui crient à lui jour et nuit, et tardera-t-il à leur égard ? Je vous le dis, il leur fera promptement justice. Mais, quand le Fils de l'homme viendra, trouvera-t-il la foi sur la terre ? »* [Lc18 :1-8].

Dans cette parabole, Jésus se pose la question « *quand le fils de l'homme viendra, trouvera –t-il la foi sur la terre ?* ». Or parler de la foi, c'est toujours faire allusion à la parole de Dieu car « *la foi vient de ce qu'on entend de la parole de Dieu* » [Rm 10 :17]. De qui s'agit –il ce fils de l'homme dont a parlé Jésus ? C'est de lui-même quand il reviendra. Si tel est le cas, il se voit alors clairement que le Christ reviendra avec la parole qui va nécessiter la foi.

La compréhension de cette parabole laisse à réfléchir lorsqu'on tient compte de l'interprétation biblique que font des chrétiens sur la manière dont le Christ reviendra sur terre : la majorité a dans la tête l'idée que le retour du Christ ou le second avènement du christ se réalisera par la descente du ciel et que les chrétiens (épouse - parole) vont les rencontrer sur les nuées : on parle de l'enlèvement. Avec cette façon de comprendre, croyons-nous avoir bien interprété les écritures ? Ne commettons-nous pas la même erreur que les juifs ont commise pendant la première venue du Christ sur terre ? Si les juifs n'ont pas pu croire à Jésus, la raison principale était d'abord la mauvaise interprétation des écritures puis leur attitude d'hypocrisie. Or la mission du christianisme, c'est de corriger l'erreur du Judaïsme. Alors les chrétiens doivent bien observer et bien analyser ce qu'ils sont en train de faire aujourd'hui.

Par exemple quand ils lisaient le prophète Daniel : « *Je regardai pendant mes visions nocturnes, et voici, sur les nuées des cieux arriva quelqu'un de semblable à un fils de l'homme ; il s'avança vers l'ancien des jours, et on le fit approcher de lui. On lui donna la domination, la gloire et le règne ; et tous les peuples, les nations, et les hommes de toutes langues le servirent. Sa domination est une domination éternelle qui ne passera point, et son règne ne sera jamais détruit* » [Dan 7 :13].

Les juifs ont interprété ce verset avec assurance que le Christ viendra sur la terre en apparaissant sur les nuées des cieux c'est-à-dire descendre du ciel ou encore que le Christ n'aura pas de parents, il apparaitra sans qu'on sache d'où il est venu [(Jn7 :27)]. Malheureusement cela ne s'est pas accompli de cette manière, Jésus était né sur la terre.

Si les chrétiens ne parviennent pas à bien interpréter les écritures, s'ils le font d'une manière sentimentale, leur sort n'est pas loin de celui qu'ont connu les juifs. Jésus dit *« C'est pourquoi, lorsque vous verrez l'abomination de la désolation, dont a parlé le prophète Daniel, établie en lieu saint, que celui qui lit fasse attention ! »*[(Mt24 :15)], prévenant les chrétiens pour le temps du second avènement. Jésus voudrait que les chrétiens soient en mesure de bien lire et interpréter les écritures correctement lors du second avènement eux–mêmes sans tenir compte des interprétations sentimentales qui pourront être données par leurs pasteurs ou autres prédicateurs.

C'est dans le même cadre d'idée que Paul dit *« Car il viendra un temps où les hommes ne supporteront pas la saine doctrine ; mais, ayant la démangeaison d'entendre des choses agréables, ils se donneront une foule de docteurs selon leurs propres désirs, détourneront l'oreille de la vérité, et se tourneront vers les fables »*[(2Thim4 :3-4)]. C'est tout simplement dire que les chrétiens doivent être prudents dans leur façon de comprendre les écritures sinon ils risquent de se cramponner dans une mauvaise interprétation constituée des fables que de vouloir comprendre concrètement la vérité de la vie éternelle.

Il est maintenant clair de comprendre pourquoi Jésus dit *« les premiers seront les derniers »*[(Mt20 :16)] : ceux qui seront tellement attachés à leur ancienne façon de comprendre au lieu de chercher concrètement la vérité, pensant être'' premiers'' par leur orgueil et hypocrisie, deviendront'' derniers'' au temps du second avènement, comme c'était le cas pour les scribes et les pharisiens au moment du premier avènement. Jean et ses disciples étaient « premiers » mais ils sont devenus « derniers »

Il nous est alors important d'avoir une idée claire sur la manière dont le Christ reviendra, quand et où reviendra-t-il.

Comment le Christ reviendra-il ?

Beaucoup d'enseignements sont donnés dans des églises en rapport avec cette question. On doit cependant poser la question de savoir lequel de ces enseignements est le meilleur et sera-t-il accompli sans moindre modification ? Sur base de quoi mettons-nous confiance à notre compréhension ? Quels sont nos critères ou points de références ? C'est très grave si notre compréhension est gratuite sans critère de référence, sinon c'est une foi aveugle qui n'est pas issue d'une conviction alors que la bible nous dit que la foi doit venir de ce qu'on entend de la parole de Dieu qui est la vérité *(Rm10 :17)*. Qu'est-ce qu'est la vérité ?

La vérité, selon Grand Robert, c'est « *Ce à quoi l'esprit peut et doit donner son assentiment (par suite d'un rapport de conformité avec l'objet de pensée, d'une cohérence interne de la pensée) ; connaissance à laquelle on attribue la plus grande valeur* ».

Une interprétation peut être valable si elle respecte cette définition de la vérité. C'est dire que la véracité d'une interprétation est déterminée par sa cohérence dans l'enchainement des idées en conformité avec l'ensemble des écritures bibliques (de la Genèse à l'Apocalypse). Il faut qu'il y ait un enchainement logique des idées s'appuyant sur les écritures et conformes avec l'ensemble de la bible. C'est pourquoi Pierre dit : « *Et nous tenons pour d'autant plus certaine la parole prophétique, à laquelle vous faites bien de prêter attention, comme à une lampe qui brille dans un lieu obscur, jusqu'à ce que le jour vienne à paraître et que l'étoile du matin se lève dans vos cœurs; sachant tout d'abord vous-mêmes qu'aucune prophétie de l'Écriture ne peut être un objet d'interprétation particulière, car ce n'est pas par une volonté d'homme qu'une prophétie a jamais été apportée, mais c'est poussés par le Saint-Esprit que des hommes ont parlé de la part de Dieu* ».*(2Pi1 :19-21)*

L'interprétation que nous vous donnons dans cet ouvrage provient du **PRINCIPE DIVIN**, un ensemble des révélations que Dieu a données au Révérend Docteur **SUN MYUNG MOON** par le canal du seigneur Jésus Christ qui lui est apparu en vision depuis le 17 Avril 1935 alors qu'il n'avait que 15ans d'âge. Jésus lui a demandé d'aider l'humanité à comprendre la volonté de Dieu : « *l'humanité m'aime mais ne connait ni moi, ni mon père, ni la volonté de mon père ; Moon, je te supplie de l'aider pour permettre la mise en place de royaume de Dieu sur la terre, ce qui a été le but pour lequel Dieu m'a envoyé sur terre, mais je ne l'ai pas accompli à cause de l'incrédulité de peuple juif* », lui a-t-il- dit.

Cette interprétation a des bases solides sur les réalités vécues dans l'histoire biblique et de la logique elle-même qui en découle. Quiconque est vraiment dans la recherche de la vérité sans aucun esprit sentimentaliste ou fanatique parviendra à découvrir la grande vérité et glorifiera Dieu.

Cependant, René Descartes dit « *pour atteindre la vérité, il faut une fois dans la vie, se défaire de toutes les opinions qu'on a reçues, et reconstruire de nouveau tous les systèmes de ses connaissances* ».C'est pour nous dire que, nous devons , pour bien comprendre l'interprétation que nous donne le Principe divin, être fugé à ce que nous connaissons au préalable.

Le Principe divin confirme que Dieu est éternel, absolu et Immuable, Il ne change pas dans Sa façon de faire, dans Ses principes. Si nous parvenons à bien étudier et mettre beaucoup d'attention sur les évènements qui ont entourés la première venue du Christ et à y tirer des leçons, nous allons parvenir à avoir une idée claire sur la manière dont le Christ reviendra sur terre étant donné que Dieu est immuable – le même hier, aujourd'hui et éternellement – n'a jamais changé Sa façon de faire.

Outre son point de vue personnel, le principe Divin nous donne deux leçons capitales à quoi il faut nous référer pour bien comprendre comment le christ reviendra. Il s'agit de la leçon autour des prophéties de l'ancien testament qui ont eu égard à la première venue du christ et de la leçon tirée du retour d'Elie.

Leçon tirée des prophéties de l'ancien testament sur la première venue du Christ

L'ancien testament contient plusieurs prophéties qui ont été faites en rapport avec la venue du *Messie* parmi ces prophéties, il y a celles qui semblaient montrer que le Christ apparaitra sur les nuées à l'exemple de ce qu'a déclaré le prophète Daniel dans Dan 7 :13 dont nous avions fait mention ci-haut ; mais aussi celles qui semblaient montrer que le Messie naitra sur la terre.

La plupart de juifs ont fait confiance aux prophéties qui soutenaient la façon surnaturelle d'apparition du Messie sur la terre selon que déclare la bible : « *Cependant celui-ci, nous savons d'où il est ; mais le Christ, quand il viendra, personne ne saura d'où il est.* » [(Mt7 :25-31)].

Par ailleurs, ils n'ont pas manqué d'arguments pour se justifier en contredisant toutes les prophéties qui soutenaient que le Messie naitra [(Mi5 :1-4, Es9 : 4-5)], pourtant ce sont elles qui se sont accomplies à la personne de Jésus.

De même pour le second avènement ou le retour du christ, le nouveau testament présente deux groupes des prophéties en rapport avec le retour du Christ comme ce fut pour son premier avènement. La plupart des chrétiens font confiance aux prophéties qui soutiennent que le Messie apparaitra d'une manière surnaturelle [(Act1 :11, Ap1 : 7,...)] et ils ne manquent pas d'arguments pour contredire toute écriture du nouveau testament qui semble soutenir l'accomplissement du retour du Christ par la naissance ^(Ap12 :5,...). Ils n'ont même plus de temps pour écouter de telles sortes d'écritures tellement qu'ils sont déjà très convaincus de leur façon de comprendre. S'il arrivait que le Christ apparaisse dans son retour par la naissance, quel sera le sort des chrétiens ?

Leçon tirée de retour d'Elie

Cette leçon nous montre comment se fait le retour d'une personne qui est montée au ciel comme Jésus était monté au ciel et va retourner. En effet, Elie est le prophète juif qui a vécu au 9ᵉ siècle av JC. Il n'était pas mort comme tout le monde meurt. Il était monté au ciel par un chariot de feu. Au 5ᵉsc av. JC est apparu le prophète Malachie qui a apporté la reforme dans la religion juive et a donné le programme de la venue du Messie. Malachie a prophétisé qu'Elie devait revenir sur terre avant que le Messie n'apparaisse. En d'autre terme, qu'Elie sera le précurseur du messie. Cette interprétation fait d'ailleurs partie des interprétations qui ont fait que les juifs croient que le Messie descendrait du ciel parce que partant d'elle, ils ont cru que le Messie et Elie étaient ensemble au ciel, ils descendront aussi ensemble Elie précèdera le Messie.

Mais qu'est-ce qui s'est passé ? Pendant que les juifs attendaient voir Elie descendre du ciel avant que le Messie apparaisse, ils ont appris par les disciples de Jésus que le Messie était déjà sur la terre. Quelle surprise pour les juifs ? Pouvaient-ils en être d'accord ? Certes non. Ils ont contredit les disciples de Jésus en leur montrant qu'il était impossible que le Messie soit sur la terre sans qu'Elie le précède comme précurseur. Alors les disciples ne sachant plus quoi faire, ils sont rentrés pour poser cette question à leur maitre Jésus ^(Mt 17 :10-13).

Comme réponse, Jésus leur a confirmé que ce que les juifs (les scribes et les pharisiens ont dit était vrai parce que réellement, selon les écritures, Elie devrait précéder le Messie pour préparer le peuple à être disposé. Le regret de Jésus était seulement le fait qu'ils n'ont pas connu cet Elie alors qu'il était déjà venu à la personne de Jean le baptiste, ils ont compris Jean autrement, non comme Elie et cela entrainerait sa souffrance parce que les juifs ne pourraient espérer voir le messie sur la terre qu'a moins d'avoir déjà vu Elie le précéder. Et Jésus a montré à ses disciples que Jean Baptiste était cet Elie ^(Mt 11 : 14 ; 17 : 10-13).

Ce qui nous intéresse plus dans ce qui précède est la leçon à tirer pour le retour d'Elie. Jésus avait-il raison ? Si Jésus avait raison, on peut donc comprendre la formule comment se fait le retour d'une personne qui était montée au ciel. Cette personne retourne sur la terre à travers une autre personne qui nait sur la terre avec un autre nom, un autre visage que ceux de la personne qui était montée au ciel. Jean Baptiste était donc le retour d'Elie, le nom « *Jean Baptiste* » était le nouveau nom d'Elie.

À partir de cette leçon nous avons l'idée comment se fera le retour de Jésus qui était monté au ciel comme Elie et a promis de revenir. Jésus retournera donc sur la terre à travers une autre personne qui sera née, ayant un nom différent de Jésus et c'est ce nom qui sera son "nom nouveau" comme la bible le dit *(Ap2 :17 ; 3 :12)*. C'est pourquoi lorsque nous lisons Jésus dans la bible lorsqu'il parlait de son retour, il n'est pas du tout clair. Mais celui qui analyse bien, comprendra que Jésus parlait d'une autre personne qui viendra comme consolateur, l'esprit de *vérité* *(Jn 16 :1-31)*. De même, lorsque Jésus apparut à Jean dans l'ile de Patmos, il lui parla d'un « vainqueur » à qui il transmettra tout ce qu'il a eu de Dieu comme titre et pouvoir, y compris son nom nouveau*(Ap 2 ; 7, 11, 17, 27,3 ; 5, 12,21)* : c'est toujours la même personne.

Par cette explication on peut maintenant comprendre la signification de message des anges aux disciples de Jésus quand ce dernier se séparait d'eux montant au ciel : « *Et comme ils avaient les regards fixés vers le ciel pendant qu'il s'en allait, voici, deux hommes vêtus de blanc leur apparurent, et dirent : Hommes Galiléens, pourquoi vous arrêtez-vous à regarder au ciel ? Ce Jésus, qui a été enlevé au ciel du milieu de vous, viendra de la même manière que vous l'avez vu allant au ciel* ».*(Actes 1 :10-11)*.

L'expression « *ce Jésus* », doit être bien comprise. L'adjectif démonstratif « ce » détermine le nom « *Jésus* » : il ne s'agissait plus de n'importe quel Jésus mais de Jésus qu'eux voyaient monter au ciel. La question sera de savoir si c'était quel Jésus au juste que les anges montraient-ils aux disciples ? Le principe montre qu'il s'agissait de Jésus ressuscité, devenu esprit, n'ayant plus de corps physique mais plutôt un corps spirituel. Les anges expliquaient donc aux disciples que Jésus reviendra non avec le corps physique mais plutôt avec le corps spirituel comme ils le voyaient monter au ciel. Ce corps spirituel en rentrant sur la terre aura besoin d'un corps physique pour œuvrer. Le corps physique avec lequel ce corps spirituel de Jésus va coopérer est le corps du seigneur du second avènement du Christ que la bible appelle tantôt « *consolateur ou esprit de vérité* », tantôt « *paraclet ou assistant* » tantôt encore le « *vainqueur* » dans Apocalypse de Jean.

Pendant son vivant sur la terre, Jésus dit : « *En vérité, en vérité, je vous le dis, celui qui reçoit celui que j'aurai envoyé me reçoit, et celui qui me reçoit, reçoit celui qui m'a envoyé. Ayant ainsi parlé, Jésus fut troublé en son esprit, et il dit expressément : En vérité, en vérité, je vous le dis, l'un de vous me livrera* » *(Jn 13 : 20-21)* et aussi

*« car, je vous le dis, vous ne me verrez plus désormais, jusqu'à ce que vous disiez :
Béni soit celui qui vient au nom du Seigneur »* (Mt 23 :39). Toutes ces écritures montrent
que le retour de Jésus se réalisera à travers une autre personne comme nous venons
d'expliquer en haut.

Dans l'apocalypse on montre que le Messie mettra en place le règne de Dieu
lorsqu'il fera sa cérémonie de noce (Ap19 :6-7). C'est cette cérémonie qui deviendra le
modèle pour toute l'humanité. En effet elle représente la coutume ou tradition de
Dieu que le monde n'a jamais vue. C'est à travers elle que l'humanité déchue (de
premier Adam) et les chrétiens qui ont accès au salut spirituel par le baptême
trouveront l'accès au salut total : c'est la cérémonie de la renaissance à la fois
physique et spirituelle qui permet de prendre part dans le lignage du Messie qui est
le lignage de Dieu. C'est la cérémonie de baptême que Jésus devait initier pendant
sa première venue, n'eut été l'incrédulité de ses contemporains juifs.

Le lignage du Messie représentera l'arche de Noé, tous ceux qui accepteront le
Messie et participeront à la cérémonie de noces de l'agneau accéderont dans le
lignage messianique et deviendront membres de sa famille : c'est " entrer dans
l'arche ". Tous ceux qui n'entreront pas dans cette arche c'est-à-dire ceux qui ne
renaitront pas dans la famille messianique, seront détruits par Dieu. Pourquoi ?
Parce Dieu n'agit pas sentimentalement mais poursuit l'accomplissement de Sa
volonté - la réalisation de Son royaume sur la terre - une humanité avec un seul
ancêtre (le Messie), une seule coutume (système du Messie), et une seule langue (la
langue du Messie).

Point de vue de principe Divin

Le principe divin montre que le premier Adam a échoué d'accomplir la mission que
Dieu lui a donnée, celle de mettre en place le royaume de Dieu sur la terre. La
condition pour Adam était de suivre la direction que Dieu lui a montrée. Si Adam
aurait pu suivre la voie de Dieu, le royaume de Dieu serait déjà établi sur la terre.
Le Messie vient pour corriger l'échec d'Adam, pour quelle raison faut-il qu'il
descende du ciel ? Quelle est la nécessité de descendre du ciel par rapport à sa
mission ? Le Principe ne trouve pas de nécessité à Dieu de briser Son immuabilité,
en faisant descendre l'homme (messie) du ciel pour venir accomplir le royaume des
cieux car descendre du ciel n'est pas une condition pour l'accomplissement de cette
mission. Par conséquent, le Messie sera né comme toute personne venant sur la
terre, Dieu ne peut pas violer Ses principes (Gn8 :18 ; Job8 :3,5-6 ; 34 :12).

Le Messie va revenir en naissant dans une nation, tribu, clan et famille préparée par Dieu, il va grandir physiquement comme tous les autres enfants à la seule différence que lui n'aura pas de péché originel comme Adam n'avait pas de péché originel avant la chute.

Une fois né, le Messie du second avènement aura besoin d'une éducation adéquate dans la parole de Dieu jusqu'à ce qu'il aura atteint la perfection individuelle avant de commencer sa mission « *Il mangera de la crème et du miel, Jusqu'à ce qu'il sache rejeter le mal et choisir le bien.* » *(Es 7 :15)*. « *Manger de la crème et du miel* » signifie tout simplement« *grandir dans la voie de Dieu, c'est-à-dire dans la parole de Dieu* », « *Rejeter le mal et choisir le bien* » signifie « *atteindre la perfection* ».

Après avoir atteint la perfection individuelle, le Messie passera pour la réalisation de la perfection sociale partant de sa propre famille. Autrement dit, le Messie trouvera une femme que Dieu lui montrera comme c'était le cas pour le premier Adam, du fait que « *L'Éternel Dieu dit: Il n'est pas bon que l'homme soit seul ; je lui ferai une aide semblable à lui* ». Avec sa femme, le Messie formera une famille centrée sur Dieu que le premier Adam n'a pas pu former, que Jésus voulait former mais on l'a empêché en retranchant sa vie sur la terre par la crucifixion« *Dans son humiliation, son jugement a été levé. Et sa postérité, qui la dépeindra ? Car sa vie a été retranchée de la terre* » *(Actes 8 :33)*.

Cette famille représentera l'Arche de Noé, toute l'humanité devra y entrer par la cérémonie de la renaissance. Ceux qui n'y entreront pas, c'est-à-dire ceux qui ne prendront pas part à la cérémonie de la renaissance, seront exterminés du monde car Dieu a besoin d'un monde ayant un seul ancêtre, une seule coutume et un seul langage. Dans la Bible on fait allusion à la cérémonie des « *noces de l'agneau* » *(Ap19 :6-7)*.

Le sang ou lignage du Messie ira de la famille au clan, de clan à la tribu, de la tribu à la nation, de la nation au monde : C'est l'accomplissement du royaume de Dieu. C'est dans ce contexte que la bible parle du salut de l'humanité par le sang du Messie *(Es65 : 8-9)*. Ce n'est pas dans le contexte de verser le sang par la crucifixion. Jésus a été crucifié, il a donc versé son sang mais il y a aujourd'hui 1985 ans, le royaume de Dieu n'est pas jusque-là établi sur la terre.

Le Messie établira le système de Dieu sur la terre. Ce système partira de la coutume qu'il mettra en place à partir de son mariage. Le mariage du Messie sera très différent des autres car son système sera révélé par Dieu alors que le système qui est dans le monde aujourd'hui est celui hérité du premier Adam qui a été inspiré par Satan.

C'est la raison pour laquelle Paul n'a pas été clair dans sa réponse lorsqu'on lui a posé la question au sujet du mariage *(1cor7)*. Paul en réalité ne voulait pas que les chrétiens prennent des femmes car il savait que le vrai système ne pouvait venir que par le Messie seul pendant son second avènement sur la terre. D'où, il a demandé qu'on puisse attendre car il pensait que le retour du Christ devait se faire à l'immédiat. En son envie, il fallait que les chrétiens attendent jusqu'à l'établissement du système du Christ pendant son second avènement. « *Voici donc ce que j'estime bon, à cause des temps difficiles qui s'approchent : il est bon à un homme d'être ainsi. Es-tu lié à une femme, ne cherche pas à rompre ce lien ; n'es-tu pas lié à une femme, ne cherche pas une femme. Si tu t'es marié, tu n'as point péché ; et si la vierge s'est mariée, elle n'a point péché ; mais ces personnes auront des tribulations dans la chair, et je voudrais vous les épargner. Voici ce que je dis, frères, c'est que le temps est court ; que désormais ceux qui ont des femmes soient comme n'en ayant pas, ceux qui pleurent comme ne pleurant pas, ceux qui se réjouissent comme ne se réjouissant pas, ceux qui achètent comme ne possédant pas, et ceux qui usent du monde comme n'en usant pas, car la figure de ce monde passe* » (1cor7 :26-31).

D'où est tiré le modèle de mariage pratiqué dans le christianisme alors que dans la bible ni Jésus lui-même, ni les apôtres, personne n'en a fait allusion ?

Pour conclure cette partie, comprenons que Jésus ne reviendra plus par sa propre personne physique, mais à travers une autre personne qui aura un autre nom que Jésus. Jésus lui-même l'a déclaré (Jn 16 :10) et même Arthur Ford, un médium spirituel bien connu à Philadelphie USA a déclaré : « *Le Jésus de Galilée ne reviendra pas – Cela n'est pas nécessaire. Le Christ qui s'est manifesté à travers lui est l'Eternel - Il se manifestera de nouveau* ».

Pourquoi Jésus disait-il que le fils de l'homme viendra sur les nuées ?

Jésus avait deux motifs pour prophétiser le retour du fils de l'homme sur les nuées. C'était d'abord pour empêcher les antéchrists de semer les confusions chez les chrétiens par des illusions. Si Jésus avait révélé clairement qu'il reviendrait par une naissance sur la terre, il aurait été impossible d'empêcher de susciter une grande confusion. Puisque Jésus était apparu comme Messie humble, n'importe qui issu d'un milieu social quelconque et ayant un certain niveau spirituel, pourrait prétendre être son second avènement et aveugler le monde par une grande imposture. Puisqu'heureusement la plupart des chrétiens ont attendu le retour du Christ sur les nuées, en gardant les yeux au ciel. Cette confusion a pu être largement évitée. A présent toutefois, le temps est venu de révéler la vérité selon laquelle le Christ reviendra en naissant respectant ainsi le principe de Dieu établi par Dieu : un homme ne peut venir sur la terre que par la naissance.

C'était ensuite pour encourager les chrétiens parce qu'il savait qu'ils suivraient le chemin de souffrance par la persécution par les romains et les juifs instigués par ces derniers à cause de leur foi en lui. En effet Jésus dit à ses disciples avant son arrestation « *Je vous ai dit ces choses, afin qu'elles ne soient pas pour vous une occasion de chute. Ils vous excluront des synagogues ; et même l'heure vient où quiconque vous fera mourir croira rendre un culte à Dieu. Et ils agiront ainsi, parce qu'ils n'ont connu ni le Père ni moi. Je vous ai dit ces choses, afin que, lorsque l'heure sera venue, vous vous souveniez que je vous les ai dites. Je ne vous en ai pas parlé dès le commencement, parce que j'étais avec vous* » ^(Jn16 :1-4).

C'est toujours pour cette raison qu'il tenait à plusieurs occasions des propos paradoxaux à ses disciples. Par exemples « *Quand on vous persécutera dans une ville, fuyez dans une autre. Je vous le dis en vérité, vous n'aurez pas achevé de parcourir les villes d'Israël que le Fils de l'homme sera venu* » ^(Mt 10 :23). Cela fit croire à ses disciples que le second avènement aurait lieu dans un avenir très proche, ils devaient témoigner le Christ courageusement et sans crainte des persécutions qu'ils subissaient.

Cet espoir imminent de retour du Christ Jésus enflamma le zèle de ses disciples, leur donna la force de surmonter les persécutions du Judaïsme et de l'empire romain, ce qui leur a permis d'établir le fondement pour le christianisme en bâtissant l'Église primitive sous les persécutions.

Quand le royaume de Dieu s'établira –t– il sur la terre?

Cette question a été posée à Jésus pendant son séjour sur la terre : « *Les pharisiens demandèrent à Jésus quand viendrait le royaume de Dieu. Il leur répondit : Le royaume de Dieu ne vient pas de manière à frapper les regards. On ne dira point : Il est ici, où : Il est là. Car voici, le royaume de Dieu est au milieu de vous. Et il dit aux disciples : Des jours viendront où vous désirerez voir l'un des jours du Fils de l'homme, et vous ne le verrez point.*

Pourquoi Jésus répond-t-il en commençant par « *le royaume de Dieu ne vient pas de manière à frapper les regards* » ? C'est pour prévenir le temps du second avènement et enlever les illusions qui régnaient dans leur tête sur le royaume des cieux ou royaume de Dieu. En fait, comme eux pensaient que le Messie apparaitra miraculeusement en descendant du ciel, ils devront aussi penser que le royaume de

Dieu devra s'établir d'une manière miraculeuse sur la terre à l'apparition du Messie. Jésus savait que ses disciples – les chrétiens - pourront avoir de telles illusions au temps du second avènement. C'est pourquoi il lui fallait d'abord leur prévenir de cette manière.

En lisant les écritures, nous allons nous rendre compte que Jésus n'a pas été clair dans sa réponse à la question qui lui a été posée. Au lieu de donner la date, il a plutôt donné des signes. Pourquoi Jésus a-t-il agit de la sorte ? C'était juste pour éviter le découragement : imaginez s'il pouvait répondre que le royaume de Dieu sera établi après 2000 ans, quelle serait l'attitude de ses disciples ?

Comprenons que l'établissement du royaume de Dieu ne peut avoir une date précise car cela implique la part de responsabilité de l'homme. Dieu peut accomplir toute Sa responsabilité comme au temps d'Adam et de Jésus, mais tant que l'homme ne comprend pas et n'accomplit pas sa part de responsabilité, le royaume de Dieu ne peut s'établir.

 La bible déclare « *Non, la main de l'Éternel n'est pas trop courte pour sauver, Ni son oreille trop dure pour entendre. Mais ce sont vos crimes qui mettent une séparation Entre vous et votre Dieu ; Ce sont vos péchés qui vous cachent sa face Et l'empêchent de vous écouter.* » *(Es59 :1-2)*. Cette déclaration montre l'implication de la part de la responsabilité de l'homme pour l'accomplissement de la volonté de Dieu. Tant que l'homme n'accomplira pas sa part de responsabilité, on ne peut espérer à l'établissement du royaume de Dieu sur la terre : c'est le principe.

C'est pourquoi Jésus dit « *le royaume des cieux est au milieu (dedans) de vous* », c'est dire que la réalisation du royaume de Dieu dépend de vous. En effet, comme nous l'avions déjà expliqué ci-haut, l'établissement du royaume de Dieu à l'époque de Jésus dépendait de peuple juif, leur attitude à l'égard de lui : si les Juifs soutenaient Jésus, les romains n'allaient pas résister, au contraire, ils allaient élever Jésus au niveau mondial pour qu'il devienne le conseiller principal de l'empereur, comme Joseph à côté de Pharaon en Egypte d'abord puis finalement devenir le maitre de l'empereur quand ce dernier finirait par le découvrir comme le messie : l'empire romain était donc un dispositif que Dieu a préparé pour permettre le Messie à atteindre le niveau de propager Son système dans le monde entier, comme les Etats unis d'Amérique qui constitue aujourd'hui un dispositif chrétien que Dieu a préparé pour recevoir le Seigneur du second avènement, le proclamer puis propager son idéologie(son système)dans le monde afin de faciliter l'accomplissement de la volonté de Dieu sur la terre en mettant en place Son royaume.

En rapport avec le second avènement, les signes que Jésus a donnés font beaucoup plus allusion à l'apparition de seigneur du second avènement qu'au temps d'établissement du royaume de Dieu sur la terre.

Par rapport à l'établissement du royaume de Dieu, referons-nous à la vision de Jean dans l'ile de Patmos : « *Et j'entendis comme une voix d'une foule nombreuse, comme un bruit de grosses eaux, et comme un bruit de forts tonnerres, disant : Alléluia ! Car le Seigneur notre Dieu tout puissant est entré dans son règne. Réjouissons-nous et soyons dans l'allégresse, et donnons-lui gloire ; car les noces de l'agneau sont venues, et son épouse s'est préparée, et il lui a été donné de se revêtir d'un fin lin, éclatant, pur. Car le fin lin, ce sont les œuvres justes des saints. Et l'ange me dit : Écris : Heureux ceux qui sont appelés au festin des noces de l'agneau ! Et il me dit : Ces paroles sont les véritables paroles de Dieu* » ^(Ap19 :6-7).

Cette déclaration de la bible montre que Dieu n'entrera dans Son règne que lorsque les noces de l'agneau viendront. « *Dieu entré dans Son règne* », C'est l'établissement du royaume de Dieu sur la terre. Donc on comprend que l'établissement du royaume de Dieu ne sera possible que quand les noces de l'agneau arrivent. Que signifie « *arrivée des noces de l'agneau* » ? L'arrivée des noces de l'agneau n'est autre que l'établissement de la coutume de Dieu sur la terre, coutume à partir de laquelle le Messie se mariera, qui n'aura pas de liens avec les systèmes établis dans ce monde mais sera plutôt un système révélé par Dieu, qui n'a jamais existé dans le monde. Les noces de l'agneau sont des noces (des mariages) dont la cérémonie suit le système établi par l'agneau (le Messie), selon que Dieu lui a montré.

Aussi Jésus dit « *Cette bonne nouvelle du royaume sera prêchée dans le monde entier, pour servir de témoignage à toutes les nations. Alors viendra la fin.* »(Mt 24 :14). C'est quoi la « ***bonne nouvelle du royaume*** » ? Il s'agit, comme nous l'avions déjà expliqué à l'introduction, de la vérité de Dieu en rapport avec l'établissement de Son royaume sur la terre. Cette vérité n'est donnée par Dieu qu'à un homme sans péché (Adam) qui est capable de la bien comprendre et la pratiquer puis l'expliquer correctement aux autres.

Dieu a donné cette vérité au premier Adam mais celui-ci n'a pas réussi à la pratiquer pour transmettre à ses descendants.

De même qu'au deuxième Adam, Jésus, Dieu a transmis le même message. Jésus dit : « *(…) je ne fais rien de moi-même, mais que je parle selon ce que le Père m'a enseigné* » ^(Jn8 :28), « *Il faut aussi que j'annonce aux autres villes la bonne nouvelle du royaume de Dieu ; car c'est pour cela que j'ai été envoyé.* » ^(Luc4 :43). « *(…) Mais je Le connais, et je garde Sa parole. »* [(Jn8 :55)], *« (…) de même que j'ai gardé les commandements de mon Père, et que je demeure dans son amour. »* [(Jn15 :10)].

Toutes ces écritures sont là pour confirmer ce que nous venons d'expliquer, que Dieu a transmis à Jésus - le second Adam - Sa vérité comme ligne de conduite qu'il devait suivre. Jésus devrait donc incarner cette vérité puis la transmettre théoriquement et pratiquement à ses descendants. Jésus l'a-t-il fait ?

En lisant la bible, quand Jésus s'entretenait avec les scribes et les pharisiens dans le but de leur révéler la « bonne nouvelle du royaume », ceux-ci au contraire, sans aucun intérêt de l'écouter, créaient plutôt des discussions veines, inutiles (avec seulement l'objectif de le contrecarrer). On se rend compte que, bien que Jésus a réussi à incarner la vérité que Dieu lui a transmise [(Jn 8 :54-55 ; 15 :10)], mais il ne lui a pas été facile à son tour de la transmettre même théoriquement à cause de l'incrédulité et insuffisance du peuple juif. Jésus dit *« Si vous ne croyez pas quand je vous ai parlé des choses terrestres, comment croirez-vous quand je vous parlerai des choses célestes ? »* [(Jn3 :12)]. On comprend par ici que Jésus a remarqué une insuffisance à ses interlocuteurs qui ne parvenaient même pas à appréhender la vérité jugée « *élémentaire ou terrestre* », avec laquelle il devait commencer son enseignement avant de passer à la vérité « *supérieure ou céleste* » c'est-à-dire la « bonne nouvelle du royaume ».

En plus de cela, les juifs n'ont pas accordé du temps à Jésus pour leur enseigner, ils ne voulaient pas l'écouter « *Car le cœur de ce peuple est devenu insensible ; Ils ont endurci leurs oreilles, et ils ont fermé leurs yeux, De peur qu'ils ne voient de leurs yeux, qu'ils n'entendent de leurs oreilles, Qu'ils ne comprennent de leur cœur, qu'ils ne se convertissent, et que je (Jésus) ne les guérisse »* [(Mt13 :15)]. Chaque fois que Jésus voulait leur enseigner, les juifs ne lui accordaient aucun espace à chaque occasion qui se présentait, il n'y avait toujours que des discussions avec lui et voulant même le faire mourir (exemple dans *Jn 8 :1-44*).

Alors, devant cette situation, Jésus a jugé bon de reporter sa mission au second avènement avec la promesse de continuer le programme de son enseignement : « *Maintenant je m'en vais vers celui qui m'a envoyé, et aucun de vous ne me demande : Où vas-tu ? Mais, parce que je vous ai dit ces choses, la tristesse a rempli votre cœur. Cependant je vous dis la vérité : il vous est avantageux que je m'en aille, car si je ne m'en vais pas, le consolateur ne viendra pas vers vous ; mais, si je m'en vais, je vous l'enverrai. Et quand il sera venu, il convaincra le monde en ce qui concerne le péché, la justice, et le jugement : en ce qui concerne le péché, parce qu'ils ne croient pas en moi ; la justice, parce que je vais au Père, et que vous ne me verrez plus ; le jugement, parce que le prince de ce monde est juge. J'ai encore beaucoup de choses à vous dire, mais vous ne pouvez pas les porter maintenant. Quand le consolateur sera venu, l'Esprit de vérité, il vous conduira dans toute la vérité ; car il ne parlera pas de lui-même, mais il dira tout ce qu'il aura entendu, et il vous annoncera les choses à venir. Il me glorifiera, parce qu'il prendra de ce qui est à moi, et vous l'annoncera. Tout ce que le Père a est à moi ; c'est pourquoi j'ai dit qu'il prend de ce qui est à moi, et qu'il vous l'annoncera. Encore un peu de temps, et vous ne me verrez plus ; et puis encore un peu de temps, et vous me verrez, parce que je vais au Père. »* [(Jn 16 :5-17)].

L'écriture ci-haut montre que le seigneur du second avènement, quand il viendra, il apportera « une nouvelle expression de la vérité » que Jésus lui révélera pour qu'il transmette au monde : c'est la « *bonne nouvelle du royaume de Dieu* » qu'il transmettra au seigneur du second avènement pour lui permettre de réaliser le royaume de Dieu sur la terre. L'Apocalypse parle de « *la manne cachée* » [(Ap 2 :27)], d'un « *petit livre* » [(Ap5 :1-5)], de l'« *or éprouvé par le feu,…des vêtements,…,des collures…* » [(Ap3 :11-19)] et Paul a parlé de « *ce qui est parfait* » [(1cor13 :9-10)] et de la « *saine de doctrine* », une « *vérité*» que les gens ne supporterons pas et en détourneront l'oreille [(2Tim4 :3-4)]

C'est cette bonne nouvelle du royaume qui éclaircira toutes les paraboles faites par Jésus pendant sa première venue sur la terre.

Le temps pour la réalisation du royaume dépendra de l'accomplissement de la part de responsabilité des « *élus* » comme déclare Jésus lui-même :« *Et, si ces jours n'étaient abrégés, personne ne serait sauvé ; mais, à cause des élus, ces jours seront abrégés* » [(Mt24 :22)]. Qui sont les « *élus* » ? Ce sont ceux qui seront les premiers à suivre le seigneur du second avènement après avoir entendu « *la bonne nouvelle du royaume* ». Ce sont les premiers disciples du seigneur du second avènement. Ils suivront le messie et le serviront dans le service de Dieu pour l'accomplissement du royaume de Dieu sur la terre. Leur effort dans le service peut alors permettre que le royaume des cieux s'accomplisse vite ou pas.

Comment découvrir la bonne nouvelle du Royaume apporté par le seigneur du second avènement ?

La Bible est un recueil enseignant la vérité dont les aspects essentiels y sont exprimés en symboles et en paraboles. Puisque cela laisse libre cours à diverses interprétations, biens des désaccords ont surgi entre les croyants, les conduisant à se diviser à maintes confessions.

La cause première des divisions confessionnelles réside dans le caractère même de la bible, et non pas des croyants. La lutte entre les confessions devient de plus en plus âpre, d'où le besoin d'une nouvelle vérité qui puisse élucider les symboles et les paraboles voilant les vérités essentielles de la bible. C'est pour cette raison que Jésus promis que, dans les derniers jours, il donnerait la nouvelle vérité qui éclaircisse les paraboles (Jn 16 :25).

Parce que cette nouvelle expression de la vérité vise à établir l'idéal de Dieu (Royaume de Dieu) sur terre c'est-à-dire permettre la perfection individuelle, sociale et universelle, elle sera centrée sur l'amour qui est lien de la perfection. C'est pour cela que Paul, parlant de l'amour, dit « ... *nous connaissons en partie et nous prophétisons en partie, quand ce qui est parfait sera venu, ce qui est partiel disparaitra.* » (1co13 :9-10)

La bonne nouvelle de Royaume au second avènement étant le message qui vient pour établir le Royaume de Dieu, la mission qui a été confiée au premier Adam qui a échoué dans l'accomplissement de sa part de responsabilité, puis à Jésus qui s'est démené pour l'accomplir mais n'a pas pu à cause de l'incrédulité de peuple juif vis-à-vis de lui, va nous expliquer clairement l'histoire de la providence de Dieu depuis Adam jusqu'à nos jours. Surtout, elle expliquera clairement le projet de Dieu en créant, l'avènement d'Adam et de sa famille, l'avènement de Jésus et de ses disciples, elle va expliquer clairement ce qui s'est passé à l'époque de Jésus et va montrer que le fait que les juifs n'ont pas cru à Jésus était un péché grave, et qu'on ne verra plus Jésus sur terre (Jn 16 :8-11). C'est pourquoi Jésus dit « *quand le consolateur sera venu, l'esprit de vérité, il vous conduira dans toute la vérité ...* » (Jn16 :13)

Parce que le Royaume de Dieu est une société régie par le système de Dieu qui est un système centré sur l'amour vrai, la bonne nouvelle du second avènement nous expliquera clairement l'amour vrai de Dieu qui est basé sur les dimensions du cœur dont l'affection filiale, affection fraternelle, affection conjugale et affection parentale. C'est pourquoi le prophète W.M.Branham déclara tout haut selon la révélation que Dieu lui a faite sur un pyramide, qu'il est venu pour montrer à l'humanité l'affection fraternelle et après lui viendra l'Amour qui représente la pierre de l'angle qui a été rejetée par les juifs c'est-a-dire le messie. Malheureusement lui-même, comme était le cas pour Jean baptiste, n'a pas été en mesure de bien comprendre et interpréter cette révélation, d'autant plus qu'il avait des illusions sur la manière dont le second avènement devait s'accomplir car il pensait à un retour mystérieux de Jésus (descente du ciel) et à l'enlèvement. Nous l'avions déjà expliqué un peu bien avant que Jean avait des illusions au sujet de la venue du christ, il pensait que le christ sera un grand homme physiquement parmi les pharisiens, ce qui lui a compliqué lorsqu'il a vu Jésus, messie attendu, apparaitre contrairement à son entendement.

En bref, la bonne nouvelle de Royaume au second avènement a pour mission de :

-Embrasser toutes les religions, idéologies et philosophies de l'histoire,
-Amener les êtres humains déchus à retrouver leur état originel,
-Résoudre les problèmes fondamentaux de la vie et de l'univers,
-Elucider les questions fondamentales de la bible,
-construire une société mondiale comme une grande famille avec Dieu comme parent.

Elle apparaitra sous la forme d'une révélation de Dieu. Mais comme il s'agira d'une révélation, certains aspects ne seront peut-être pas compris au regard de la tradition. Voilà pourquoi Jésus dit « *mais du vin nouveau, il faut le mettre dans les outres neuves* » (Lc 5 :38). C'est dire qu'il faut renaitre si on veut recevoir la nouvelle parole et avoir un cœur nouveau.

Précision sur la différence entre le message du précurseur et celui du messie au second avènement
Pour bien comprendre, il est question de bien maitriser le rôle de chacun dans la providence de Dieu et d'observer comment s'est déroulé la première venue du messie; c'est-à-dire bien comprendre aussi ce qu'a été le message de Jean baptiste et celui de Jésus.

 En effet, le précurseur est celui qui vient préparer la venue du messie. Cela étant, il doit être en mesure de préparer une population, un peuple bien disposé pour le messie, c'est – à – dire un peuple qui doit protéger le messie, le soutenir de façon à être prêt à se sacrifier pour sa cause. Ainsi, il a besoin des éléments qui pourront l'aider à accomplir cette mission. En d'autre terme, il a besoin des éléments pouvant le servir pour attirer la population vers lui. Voilà pourquoi Dieu va lui doter le don des miracles et une vérité pour éclairer toute l'histoire de la restauration dans le but que les personnes puissent avoir confiance à lui, ainsi quand le messie apparaitra, il (le précurseur) les oriente vers lui (le messie). Sa vérité ne sera pas pour accomplir la volonté de Dieu mais au contraire de ramener l'humanité à son état d'avant la chute c'est-à-dire l'état d'affection fraternel et affection filiale envers Dieu et non l'affection conjugale et parentale qui sont dans la dimension qu' 'Adam et Eve n'ont pas franchis. Le messie qui vient en positon d'Adam, c'est bien lui qui amène un message montrant à l'humanité comment franchir cette étape, comment constituer une famille idéale ayant le système de Dieu qui pourra se développer en clan, tribu, nation jusqu'au monde, c'est-à-dire que c'est le messie qui doit apprendre à l'humanité la tradition de Dieu, comment consommer l'amour conjugal selon la volonté de Dieu pour devenir des vrais parents (expérimentation de l'amour parental, on devient Dieu visible dans la famille, Emmanuel familial), ce qu'Adam n'a pas fait. Le messie vient continuer avec la mission d'Adam dans le but de l'accomplir (accomplir la volonté de Dieu), alors que le précurseur n'est là pour rien que montrer la grandeur du messie, faire la propagande du messie avant sa présentation puis le présenter dès qu'il apparait. Dans sa prédication, le précurseur fera de sorte que les générations précédant le messie, aussi bien que celles suivant le messie mettent tout leur espoir sur le messie. C'est pour cette raison que le prophète Malachie a parlé de « ... *ramener les cœurs des pères aux enfants et les cœurs des enfants à leurs pères ...* » (Ml 4 :6), une sorte de réconciliation entre les ascendants et les descendants du messie autour du messie. C'est donc un message propagandiste du messie qu'apportera le précurseur : il vient faire la propagande du messie sur la terre en montrant comment toute l'histoire de la restauration n'était que la préparation de l'arrivée du messie. C'est pour cette raison que la bible déclare à son sujet : «‹il vient pour rétablir toute chose››, ce qui veut dire remettre l'homme au niveau où il était avant la chute, l'étape avant l'accomplissement de la volonté de Dieu.

Du point de vu de la restauration, le message du précurseur, par rapport à ce que nous venons d'expliquer, c'est un message de temps de la fin c'est-à-dire fin de l'histoire du péché (fin de système de Satan) alors que celui du messie doit être celui du temps du début c'est à dire du début d'un nouveau système (système de Dieu).

La mission du messie étant d'accomplir la volonté de Dieu en remettant l'humanité à son état originel naturel, le messie ne peut pas initier des miracles d'autant plus que le but de Dieu en créant n'était pas que les hommes mènent une vie de miracles. La bible dit que Dieu a mis l'homme dans le jardin d'Eden pour qu'il cultive le sol (Gen 2 :15) , cela montre que Dieu a prévu que l'homme mène une vie naturelle normale en travaillant pour gagner son pain. Donc, comprenons que le messie n'a pas à faire avec les miracles parce ce n'est pas à lui de se chercher lui-même des disciples, c'est le précurseur qui a la mission de trouver des disciples (peuple bien disposé) pour le messie. La responsabilité du messie n'est au contraire qu'à apprendre aux hommes déchus la volonté de Dieu (Son plan originel) et leur montrer comment l'accomplir.

Si Jésus entant que messie s'est permis d'opérer des miracles, c'était seulement parce qu'il s'est rabaissé en prenant la position de Jean baptiste lorsque ce dernier a failli dans sa responsabilité. Jésus s'est comporté donc comme précurseur que comme le messie. C'est la raison pour laquelle il a empêché à ses disciples de ne plus continuer à le proclamer comme le messie mais de garder ce secret pour eux-mêmes (Mt16 :20).

Si on parvient à bien comprendre cette différence entre la mission du précurseur et celle du messie, on comprendra maintenant le sens de ce que Jésus a dit qu'aux derniers jours plusieurs faux christs viendront avec trop de miracles et séduiront plusieurs personnes (Mt24 :5,11) : ce seront aussi les précurseurs que les gens confondront au christ comme les gens ont confondu Jean baptiste au messie à la première venue (Jn 1 :20) à cause de beaucoup de miracles et de prodiges qu'il opérait.

Jean a été arrêté, abandonné par Dieu parce qu'il a abandonné sa mission pour usurper à la mission messianique lorsqu'il s'est au problème du mariage de roi Hérode. Normale sa mission, entant que précurseur, devait se limiter à enseigner sur l'affection filiale et fraternelle. La tache qu'il a abordée était réservée pour le messie. De même qu'aujourd'hui, tout ce qui sont venus en position de précurseur n'ont pas le mandat d'expliquer ce qui concerne l'amour conjugal et parental, c'est la raison pour laquelle Branham s'est fait appelé " frère" et défendu d'appeler aucune personne " père" mais son erreur est qu'il a enseigné sur "le mariage et divorce", un sujet mal développé et qui est aussi à la base de division dans son église.

En bref, le précurseur est propagandiste, moins logique, moins compatible avec la science, tandis que le messie est réaliste très logique dans la religion comme dans la science. Le message du précurseur est celui du temps de la fin du système de Satan alors que celui du messie est celui du temps de commencement du système idéal de Dieu.

Date de l'apparition du seigneur du second avènement sur la terre.

Concernant son retour sur la terre, Jésus n'a pas donné une date précise mais dit *«Instruisez-vous par une comparaison tirée du figuier. Dès que ses branches deviennent tendres, et que les feuilles poussent, vous connaissez que l'été est proche. De même, quand vous verrez toutes ces choses, sachez que le Fils de l'homme est proche, à la porte. Je vous le dis en vérité, cette génération ne passera point, que tout cela n'arrive. Le ciel et la terre passeront, mais mes paroles ne passeront point » (Mt 24 :32-35).*

Aujourd'hui presque toutes les églises chrétiennes prêchent les derniers jours. Cela prouve que les signes dont Jésus a fait allusion en rapport avec le second avènement du christ sont déjà visibles. C'est pour dire que « *les branches du figuier sont déjà tendres et les feuilles poussent* », donc le fils de l'homme doit être déjà proche, devant nos portes du cœur, des familles, des églises, et il n'attend que nous puissions l'ouvrir pour qu'il y entre comme il est écrit « *Voici, je me tiens à la porte, et je frappe. Si quelqu'un entend ma voix et ouvre la porte, j'entrerai chez lui, je souperai avec lui, et lui avec moi* » [Ap3 :20].

Est-ce vraiment possible que le christ soit déjà sur la terre ? Comment pouvons-nous le confirmer ? Même si Jésus lui-même dit que « *Pour ce qui est du jour et de l'heure, personne ne le sait, ni les anges des cieux, ni le Fils, mais le Père seul* »[Mt 24 :36],mais dans la bible dit « *Car le Seigneur, l'Éternel, ne fait rien sans avoir révélé son secret à ses serviteurs les prophètes.* »[Am3 :7].

La bible continue « *dans les derniers jours, dit Dieu, je répandrai de mon Esprit sur toute chair ; vos fils et vos filles prophétiseront, vos jeunes gens auront des visions, et vos vieillards auront des songes. 18 Oui, sur mes serviteurs et sur mes servantes, dans ces jours-là, je répandrai de mon Esprit ; et ils prophétiseront.* »[Act 2 :17].

Jésus savait que le moment opportun pour Dieu viendra où Il informera aux hommes selon ce que la bible déclare. C'est pourquoi aujourd'hui, comme vous le sentez, que ce temps est venu à voir tout ce qui se passe. C'est ainsi qu'à travers le Principe, Dieu a révélé au révérend Moon comment découvrir la date exacte de la naissance du seigneur du second avènement sur la terre, par la vision que le seigneur Jésus lui a faite.

Pendant cette vision, Jésus a expliqué au révérend Moon que le christianisme est apparu pour préparer le second avènement au remplacement du Judaïsme qui a échoué dans sa part de responsabilité du fait de n'avoir pas cru à lui[Heb 8 :7,19]. Les chrétiens sont donc là pour corriger les erreurs qu'avaient commises les juifs pendant le premier avènement du Christ. C'est pourquoi, comme un élève reprend toutes les leçons qu'il avait déjà apprises lorsqu'il a échoué la classe, toutes les circonstances qu'a traversées le judaïsme dans son histoire doivent aussi apparaitre dans l'histoire du christianisme. C'est la raison pour laquelle on peut tracer un parallèle entre l'histoire juive et l'histoire chrétienne.

L'histoire juive a connu 6 grandes périodes suivantes : période d'esclavage en Égypte (400ans), la période des juges (400ans), la période des royaumes unis d'Israël (120ans), la période des royaumes divisés nord et sud (400ans), la période de captivité et retour (210ans) et la période de réforme juive par le prophète Malachie (400ans).

De même, dans l'histoire du christianisme ces 6 grandes périodes se sont apparues presque de la même manière : période de persécutions par Rome (400ans), la période des patriarches (400ans), la période des royaumes chrétiens (120ans), la période des royaumes divises Est et Ouest (400ans), la période de captivité papale et retour (210ans) et la période de réforme chrétienne par le réformateur Martin Luther (400ans).

De ce parallèle historique il est donc évident de déterminer la date exacte de la naissance du seigneur du second avènement si on connait la date qu'a eu lieu la reforme chrétienne. Étant donné qu'après la réforme juive de Malachie il s'est écoulé 400ans pour que Jésus soit né, il passera aussi 400 ans après la réforme de Luther pour que le seigneur du second avènement soit né. Comme nous connaissons 1520 comme le vrai début de réforme de Luther, la naissance du messie coïncide avec l'an 1920.Le tableau en annexe éclaire ce que nous venons de dire.

Le Principe divin, recueil des révélations que Jésus a transmises au révérend Sun Myung Moon, confirme suivant les explications qui précèdent, que les prédications de plusieurs pasteurs disant que nous vivons les derniers jours sont vraies. Mais, quand bien même qu'ils prêchent que nous vivons déjà les derniers jours parce qu'ils ont déjà vu tous les signes qu'avait prophétisés Jésus en rapport avec les derniers jours s'accomplir, ils ne s'intéressent pas à chercher le seigneur du second avènement, parce qu'ils ont dans leur esprit, comme avaient les juifs à l'époque de Jésus, l'idée que le Messie descendra du ciel.

Témoignages de quelques grands hommes de Dieu déclarant l'année 1920 comme une date importante

William Branham (1909-1965)
Concernant la date Du retour du Christ ou second avènement du Christ W.M.Branham dit que même si on ne pourra connaitre le jour et l'heure comme a dit le seigneur Jésus lui-même, mais on peut connaitre l'année : le calendrier que les chrétiens doivent suivre, c'est l'histoire juive. « *Dieu doit traiter avec nous pendant le même espace de temps qu'il a traité avec les juifs. A partir de moment où Dieu a fait la promesse à Abraham jusqu'à ce que le Messie soit rejeté à 33 ap. J.C. il y a eu exactement 1954 ans.* » (*Brochure de 70 semaines de Daniel paragraphe 195 à la page 127 et paragraphe 197 à la page 128*)

S'il est vrai que l'histoire juive de la promesse de Dieu à Abraham jusqu'au rejet (crucifixion) du Christ en l'an 33 ap. JC il y a eu 1954 ans, par des calculs il ressort que la naissance du Messie convient à l'année 1920 si la déclaration de Branham est vraie qu'il doit se passer le même espace de temps pendant lequel Dieu doit traiter avec le christianisme. En effet si l'année 1954 du christianisme convient à l'année de crucifixion du Christ dans l'histoire juive, donc il suffit de retrancher 34 ans pour trouver l'année qui convient à celle de la naissance du Christ, étant donné qu'il a été crucifié à l'âge de 33 ans et demi. C'est de cette façon que Branham, connu comme précurseur principal du second avènement, a présenté à ses disciples le seigneur du second avènement. De même qu'à la première venue, il n'y a eu que deux disciples de Jean Baptiste qui ont compris la présentation du Messie par leur maitre et l'ont suivi[Jn1 :35-40], de même aussi, peu seulement de disciples de Branham pourront comprendre cette présentation du Seigneur du second avènement par leur maitre et le suivre.

Toujours pour déterminer le temps du second avènement, Branham a aussi parlé de sept âges de l'Eglise où il a donné la lumière sur ce qu'a été prévu pour l'avenir du christianisme en se basant de la vision de Jean à l'ile de Patmos. Selon Branham, les sept églises dont parle la Bible dans l'Apocalypse représentent les âges ou périodes que devaient traverser le christianisme dans son parcours jusqu'au retour du christ. Le premier âge, est l'âge d'Ephese dont l'ange c'est-à-dire le messager était Paul qui a enseigné sur la foi et cet âge est allé de l'an 53 à l'an 170 soit une durée totale de 117 ans. Le dernier âge est celui de Laodicée dont l'ange était Branham lui-même qui a enseigné sur l'affection fraternelle, cet âge a débuté en 1906. Par rapport au retour du christ ou second avènement, Branham dit que juste à la fin de l'âge de Laodicée vient directement la noce de l'agneau se manifestant par l'enlèvement de l'Eglise qui est l'épouse du christ. Or dans un autre de ses enseignements « *l'exposé de sept âges de l'Eglise* », Branham déclare que le dernier âge – âge de Laodicée – est tellement cours que (un tiers de) l'âge d'Ephese. Alors que, en divisant la durée d'Ephèse par trois, on obtient 39 ans. Si on ajoute les 39 ans à l'an 1906 qui marque le début de Laodicée, n'est-ce pas on doit comprendre que la fin de Laodicée doit se retrouver à l'an 1945 ? Si tel est cas, alors l'année 1946 ne serait-elle pas celle prévue pour la noce de l'agneau ?

En tenant compte de ses enseignements, Branham doit être vraiment confirmé comme précurseur du second avènement du christ comme était Jean pour le premier avènement. Sa différence avec Jean est que celui-ci a témoigné la personne physique du messie lors du premier avènement, alors que, pour le second avènement, comme il s'agit du retour spirituel, Branham a plutôt témoigné la « parole » par ses déclarations, ce qui veut dire que si un chrétien met d'intérêt et prend du temps à bien analyser correctement et sans préjugés ou fanatismes les enseignements de Branham, il finira par découvrir facilement le seigneur du second avènement.

Malheureusement pourtant, les branhamistes ont développé en eux un comportement exactement comme parle l'Apocalypse pour l'église de Laodicée, caractérisé par l'orgueil, pensant être au-dessus de tous dans la connaissance de la vérité, s'appelant ''les élus de Dieu'', ''épouse-parole'', ''épouse du roi'', ''aiglons'', … ce comportement ne leur permette plus à se mettre à chercher de « *l'or éprouvé par le feu afin de devenir riche et de vêtement blanc afin de se vêtir pour ne pas faire paraitre la hôte de la nudité et de collure pour oindre les yeux afin de voir* » [(Ap 3 :18)] et c'est ce qui pouvait leur permettre d'écouter la voix du seigneur du second avènement qui « *se tient à la porte et frappe* » [(Ap3 :20)]. C'est donc exactement comme les disciples de Jean baptiste qui se vantait avoir été disciples déjà baptisés alors qu'ils n'avaient pas le Saint-Esprit et n'en avoir même pas encore entendu parler [(Act 19 :1-6)]

Le fait de n'avoir pas découvert le seigneur du second avènement, alors que le temps prévu selon les enseignements de Branham est déjà de loin passé, les branhamistes ne sachant plus que faire, un groupe est parvenu à proclamer Branham comme le seigneur du second avènement. C'est ce sujet qui crée aujourd'hui des divisions entre eux.

William Butler Yeats

 a été l'un des plus grands poètes du 20e siècle. Lui et sa femme étaient très intéressés par les choses spirituelles. Il a publié en 1920 l'un des poèmes les plus célèbres du 20e siècle : « *la Seconde Venue* ».Il n'y a pas un hasard si, il a publié cela dans cette année parce que le Monde spirituel travaillait pour préparer l'humanité pour le Nouveau Messie, depuis le jour même de sa naissance en 1920 !

Billy & Ruth Graham

« Je voudrais dire l'importance d'une personne qui est née en 1920.C'est l'histoire d'une jeune fille née et grandi en Chine. Son nom était Ruth Bell. Quand elle avait 15 ans, elle était, aussi incroyable que cela puisse paraître, vivant à quelques kilomètres de l'endroit où Jésus a donné sa mission à un garçon de 15 ans le matin de Pâques 1935.En grandissant en Chine, elle a appris à aimer les orientaux. Elle n'a pas été corrompue par l'Occident. En allant à l'école en Corée, elle a été formée pour être un pont entre le jeune, humble messie Coréen et les riches, puissantes nations de blanc. Elle aurait été précieuse comme une compagne à son mari qui aurait à débattre avec l'hérésie et la couleur de la peau de quelqu'un si différent que Jean-Baptiste. Son acceptation Die jeune Christ de l'Orient aurait été aussi importante que celle de son mari. Les chrétiens ont attendu 2000 ans pour le retour

de Jésus. Ils avaient besoin de Ruth Graham pour les aider à faire le saut à l'acceptation de ce qui ressemblait à un blasphémateur de Dieu ».

Russel et Rutherford

Ont commencé par montrer à l'humanité que le second avènement serait possible de se réalisé en 1914. Comme c'est la guerre mondiale qui s'est éclatée à cette date, ils ont expliqué que cette guerre signifiait que Satan était jeté sur la terre, juste après la guerre c'est le second avènement. Or la guerre a pris fait en 1918. Du fait que cette date soit passée sans qu'ils voient s'accomplir le second avènement tel qu'ils pensaient, aujourd'hui les témoins de Jéhovah enseignent que l'année 1914 était plutôt le début de la génération pendant laquelle le second avènement s'accomplira. Ils disent que la fin de cette génération, c'est en 2034 (soit une durée de 120 ans comparatives à la durée que Noé a mise pour construire l'arche) et ils confirment ce que Jésus a dit *«De même, quand vous verrez toutes ces choses, sachez que le Fils de l'homme est proche, à la porte. Je vous le dis en vérité, cette génération ne passera point, que tout cela n'arrive. Le ciel et la terre passeront, mais mes paroles ne passeront point»*[(Mt 24 :33-35)]. C'est pour dire que pour eux l'année 2034 ne passera pas sans que le système ne soit établi, ce qui coïncidé avec notre vision 2034 telle que nous avions expliqué vers la fin de cet ouvrage.

Aujourd'hui les pasteurs enseignent beaucoup de choses sur comment le Christ reviendra. La majorité croit à l'"enlèvement" sans en avoir une explication claire mais c'est avec beaucoup d'assurance et de détermination qu'ils transmettent à leurs adeptes. Pouvons-nous accepter gratuitement cette théorie de l'"enlèvement" ? Quelle en est la vraie signification ?

Signification de « l'enlèvement »

« *Être enlevé* », selon la compréhension chrétienne, c'est quitter la terre et se retrouver au ciel. D'où, pour avoir la vraie signification biblique de l'enlèvement, il est question de comprendre d'abord le contexte de « ciel » et de la « terre » dans le langage biblique.

Quand nous prions « *notre père qui es aux cieux* », cela définit le « *ciel* » comme le lieu de résidence de Dieu, alors que nous savons aussi selon la bible que Dieu est « omniprésent ». On comprend donc par-là que le terme « *ciel* » dans la bible ne peut pas être compris littéralement, c'est-à-dire qu'il ne peut pas avoir le sens d'un milieu géographique quelconque.

Le « *ciel* », en tant que demeure de Dieu doit avoir plutôt le sens de la « *perfection* », c'est-à-dire une sphère qui est spirituellement élevée au-dessus de toutes les sphères qui puissent exister. Automatiquement la « *terre* » prend le sens de la sphère bas située. Par là on découvre alors le vrai sens de « *l'enlèvement* ». « *Quitter la terre pour se retrouver au ciel* » veut tout simplement dire quitter la « *sphère spirituelle basse* » pour se retrouver dans une « *sphère spirituellement élevée* », là où Dieu demeure.

Jésus dit « *Personne n'est monté au ciel, si ce n'est celui qui est descendu du ciel, le Fils de l'homme qui est dans le ciel.* » [*(Jn3 :13)*]. Comment Jésus, pendant qu'il est en train de parler à Nicodème, se se permet il dire qu'il est au ciel ? Quand-est-ce qu'il est monté au ciel et descendu avant cette rencontre avec Nicodème ? La bible n'en fait mention nulle part. cette déclaration de Jésus rend claire l'explication ci-haut : avant de commencer sa mission publique Jésus a été élevé à la perfection(c'est monter au ciel) après avoir sorti victorieux à la tentation de Satan [*(Hb5 : 9-10)*], puis , bien qu'il soit déjà parfait, il ne pouvait directement commencer à enseigner à ses contemporains le message de ce niveau, il fallait se rabaisser pour s'adapter à leur niveau (c'est descendre du ciel) [*(Jn3 :12)*] et cette adaptation ne peut l'amoindrir de son état de perfection (c'est être toujours au ciel).

Cette interprétation concorde avec le contexte chrétien de la '' chute ''. En effet, lorsque nous disons que l'homme a chuté, cela ne veut dire que l'homme est tombé d'une certaine hauteur ou altitude, mais cela veut dire plutôt qu'il s'est écarté de la sphère de Dieu. C'est pourquoi, '' être enlevé '' ne peut pas aussi avoir le sens de monter a une certaine altitude, mais plutôt le sens de revenir dans la sphère de Dieu.

 Sur le plan extérieur, l'enlèvement n'est pas un phénomène physique pouvant marquer le regard, on ne peut peut-être que constater un changement de mode de vie : changement dans la manière de réfléchir, de comprendre la vie, de se comporter..., ce qui entrainera petit à petit une distance avec sa famille et ses connaissances (de l'église, de service, de mutuel,).

Par exemple pendant la première venue du Christ, les disciples de Jésus étaient « *enlevés* » en se trouvant auprès de Jésus, abandonnant leurs églises, leurs familles, amis et connaissances, leurs activités (Matthieu était collecteur d'impôt, Pierre était pêcheur, André était disciple de Jean, …)

Quand le seigneur du second avènement apparaitra, ceux qui croiront à lui seront « *enlevés* », ce qui veut tout simplement dire qu'ils se retrouveront dans la sphère où se trouve Dieu du fait que le seigneur du second avènement sera le représentant de Dieu sur la terre. Voilà pourquoi Jésus dit « de *deux personnes qui seront dans un même lit, l'une sera prise et l'autre laissée ; de deux femmes qui moudront ensemble, l'une sera prise et l'autre laissée. De deux hommes qui seront dans un champ, l'un sera pris et l'autre laissé »*, c'est par rapport à l'attitude que chacun aura vis-à-vis de la *« bonne novelle du royaume »* : celui qui y croira sera pris c'est-à-dire qu'il suivra le messie *(il est alors enlevé)* et l'autre rester par son manque de foi.

La bible dit *« Car le Seigneur lui-même, à un signal donné, à la voix d'un archange, et au son de la trompette de Dieu, descendra du ciel, et les morts en Christ ressusciteront premièrement. Ensuite, nous les vivants, qui seront restés, nous serons tous ensemble enlevés avec eux sur des nuées, à la rencontre du Seigneur dans les airs, et ainsi nous serons toujours avec le Seigneur. » (Thes4 :16-17)*

Le *« signal donné »*, c'est la vérité donnée par le précurseur du seigneur du second avènement, la *« voix de l'archange »*, c'est la *« bonne nouvelle du royaume »*, la vérité apportée par le seigneur de second avènement lui-même et le *« son de trompète »*, c'est la propagation de la bonne nouvelle du royaume par ses disciples. C'est dire que l'enlèvement vient après qu'une série des enseignements soient déjà donnés. Ce sont ces enseignements qui transformeront ceux qui les écouteront et les pratiqueront. C'est ce qui leur permettra de quitter la sphère spirituelle basse (terre) pour se retrouver dans la sphère spirituelle élevée (ciel).

Où le Christ naitra-t-il ?

À cette question beaucoup des gens pourront penser à Israël parce qu'on le connait comme la terre choisie par Dieu. Or, pendant que Dieu était en train de préparer les juifs pour recevoir le messie, chaque fois qu'ils commettaient des erreurs, Il (Dieu) leur montrait qu'Il y avait un *« oiseau de proie »* en orient, un homme qui accomplirait Sa volonté : *« Souvenez-vous de ces choses, et soyez des hommes ! Pécheurs, rentrez-en vous-mêmes ! Souvenez-vous de ce qui s'est passé dès les temps anciens ; Car je suis Dieu, et il n'y en a point d'autre, Je suis Dieu, et nul n'est semblable à moi. J'annonce dès le commencement ce qui doit arriver, et longtemps d'avance ce qui n'est pas encore accompli ; Je dis : Mes arrêts subsisteront, et j'exécuterai toute ma volonté. C'est moi qui appelle de l'orient un oiseau de proie, D'une terre lointaine un homme pour accomplir mes desseins, Je l'ai dit, et je le réaliserai ; Je l'ai conçu, et je l'exécuterai. Écoutez-moi, gens endurcis de cœur, Ennemis de la droiture ! Je fais approcher ma justice : elle n'est pas loin ; Et mon salut : il ne tardera pas. Je mettrai le salut en Sion, Et ma gloire sur Israël » (Es46 :9-13).*

Dieu avertissait aux juifs qu'au cas où ils n'accompliront pas leur part de responsabilité, IL (Dieu) les abandonnera pour aller dans une nation en orient d'Israël où se trouve l'homme qu'Il a jugé capable d'accomplir Sa volonté. Voilà pourquoi Jésus leur dit, après avoir constaté l'échec dans l'accomplissement de leur part de responsabilité : « *N'avez-vous jamais lu dans les Écritures : La pierre qu'ont rejetée ceux qui bâtissaient Est devenue la principale de l'angle ; C'est du Seigneur que cela est venu, Et c'est un prodige à nos yeux ? C'est pourquoi, je vous le dis, le royaume de Dieu vous sera enlevé, et sera donné à une nation qui en rendra les fruits. Celui qui tombera sur cette pierre s'y brisera, et celui sur qui elle tombera sera écrasé.* » (Mt21 :42-44).

Quelle est cette « *nation qui en rendra les fruits* » ? Comme nous l'avions déjà expliqué ; à part les juifs, Dieu avait une nation en orient, nation de « l'oiseau *de proie, l'homme qui accomplirait la volonté de Dieu* ». C'est possible que soit de cette nation que soient venus les « *trois mages* » de l'orient qui ont amené des offrandes à Jésus quand il était né.

Par ailleurs, l'Apocalypse décrit l'ouverture d'un parchemin scellé de sept sceaux : « *Puis je vis dans la main droite de celui qui était assis sur le trône un livre écrit en dedans et en dehors, scellé de sept sceaux. Et je vis un ange puissant, qui criait d'une voix forte : Qui est digne d'ouvrir le livre, et d'en rompre les sceaux ? Et personne dans le ciel, ni sur la terre, ni sous la terre, ne put ouvrir le livre ni le regarder. Et je pleurai beaucoup de ce que personne ne fut trouvé digne d'ouvrir le livre ni de le regarder. Et l'un des vieillards me dit : Ne pleure point ; voici, le lion de la tribu de Juda, le rejeton de David, a vaincu pour ouvrir le livre et ses sept sceaux.* » (Ap5 :1-5).

Le Lion de la tribu de Juda désigne le Christ ; c'est bien lui qui ouvrira les sept sceaux dans les derniers jours. Après que six sceaux aient été ouverts : « *Après cela, je vis quatre anges debout aux quatre coins de la terre ; ils retenaient les quatre vents de la terre, afin qu'il ne soufflât point de vent sur la terre, ni sur la mer, ni sur aucun arbre. Et je vis un autre ange, qui montait du côté du soleil levant, et qui tenait le sceau du Dieu vivant ; il cria d'une voix forte aux quatre anges à qui il avait été donné de faire du mal à la terre et à la mer, et il dit : Ne faites point de mal à la terre, ni à la mer, ni aux arbres, jusqu'à ce que nous ayons marqué du sceau le front des serviteurs de notre Dieu. Et j'entendis le nombre de ceux qui avaient été marqués du sceau, cent quarante-quatre mille, de toutes les tribus des fils d'Israël* » (Ap7 :1-4)

Cela indique que le sceau de Dieu vivant sera marqué sur le front des 144000 en orient, là où monte l'Ange. Ces élus sont ceux qui accompagneront l'Agneau à son retour « *Je regardai, et voici, l'agneau se tenait sur la montagne de Sion, et avec lui cent quarante-quatre mille personnes, qui avaient son nom et le nom de son Père écrit sur leurs fronts »* (Ap14 :1). Nous pouvons donc en conclure par confirmer l'explication ci-haut, que la nation qui héritera l'œuvre de Dieu et en portera les fruits au second avènement se trouve en orient. C'est là que le Christ naitra, et qu'il sera reçu par les 144000 élus de Dieu.

Le seigneur du second avènement doit être né dans une nation de l'orient par rapport à Israël. Cette nation doit être une nation fortement chrétienne *(Lc17 :37)*, doit avoir beaucoup de prophètes et des hommes de Dieu puissants et doit avoir une histoire semblable à celle d'Israël. Il nous revient alors à examiner objectivement les pays qui sont en orient et nous découvrirons cette nation.

Comparativement à la première venue du christ, si on comprend que la providence est passée du niveau national au niveau mondial ; Nazareth de Galilée peut être comparée à cette nation : elle est une nation à quoi les chrétiens ne peuvent pas s'y attendre départ sa renommée et sa superficie comme les juifs ne s'attendaient pas à Nazareth de Galilée   (Jn 1 :46).

Depuis les temps anciens, on entend traditionnellement par les *« nations de l'orient »* ou « nations *du soleil levant »* les trois pays de l'orient qui sont la Chine, la Corée et le Japon. Il est donc évident que le Seigneur du second avènement naisse dans un de ces trois pays.

Les Prophéties de Nostradamus ont déclaré ce qui suit :
« Un homme sortira de l'Orient de son siège et traversera les Apennins pour voir la France. Il traversera le ciel, la mer, et de neiges, et frappera tout le monde avec sa verge (…) tant attendu qu'il ne reviendra jamais en Europe ou en Amérique. Il apparaîtra en Asie ; Un de la ligue issue de grand Hermès, Il grandira au-dessus de tous les autres pouvoirs en Orient »

LES PRINCIPALES FIGURES DU 20ème SIECLE CONSIDEREES COMME PRECURSEURS DU SEIGNEUR DU SECOND AVENEMENT

La préparation pour le second avènement a débuté depuis la Reforme mais concrétisée surtout à la fin du 19è siècle et au début du 20ème siècle où plusieurs personnes sont apparues et ont laissé dernière eux des églises dont les membres les connaissent jusqu'à présent comme les précurseurs du second avènement.

Parmi ces personnes, les plus connues sont:

-Russel et Rutherford: pères des témoins de Jéhovah

-Ellen White: successeur de Miller et promotrice des églises adventistes

-William Marion Branham: promoteur des églises branhamistes.

- Joseph Smith : initiateur de l'Eglise de Jésus-Christ des Saints de Derniers Jours dont les membres reconnaissent que Jésus-Christ est le Sauveur du monde, que Joseph Smith est son révélateur et son prophète en ces derniers jours et que l'Église de Jésus-Christ des Saints des Derniers Jours est le royaume du Seigneur établi de nouveau sur la terre pour préparer la seconde venue du Messie

Dans la présente édition de cet ouvrage, nous sommes limiter sur l'essentiel de frère W.M.Branham, considéré par nous comme le principal précurseur du Seigneur du second avènement, tenant compte de l'analyse que nous avions faite de ses prédications, ses réalisations et des témoignages faites à son sujet.

WILLIAM MARION BRANHAM.

C'est un américain né à Tucson en 1909 et mort en 1965. C'est un ministre Chrétien américain spirituellement très ouvert, habituellement crédité d'avoir fondé le Mouvement de la Guérison divine après la Seconde Guerre mondiale. Il entendait des voix depuis l'âge de sept ans. Finalement, en mai 1946, Branham était commandé par un ange de Dieu d'être le précurseur de la seconde venue du Christ. Il a laissé derrière lui plus de 300 brochures constituées de ses prédications dont le thème principal était le « *temps de la fin* » dans lequel il insistait sur le retour proche du Christ et l'enlèvement de l'Eglise. Il est né en 1909 et mort en 1965, soit une durée de vie physique de 56 ans.

Une des croyances la plus radicale du groupe est celle de « *la Semence du Serpent*» qui stipule que le premier péché commis est survenu quand Eve s'est engagée dans des activités sexuelles avec le serpent dans le jardin d'Eden causant ainsi *«la chute de l'homme. »*. Le serpent représentait l'ange "Lucifer" incarnant *"un chainon manquant"*.

Au cours d'un service de baptême en 1933 à la rivière Ohio à Jeffersonville, Indiana, un être surnaturel apparu devant des centaines de personnes lui disant « Comme Jean-Baptiste était précurseur de la première venue de Christ, vous serez le précurseur de sa seconde venue. Cette image est affichée aujourd'hui à la Bibliothèque du Congrès à Washington, DC. 1933.

Il est connu comme père de *"message du temps de la fin"* , de la *"théorie de l'enlèvement , de millenium"* et des *"guérisons miracles "* dans le 20è siècle.

A travers ses prédications, bien que controversé, il a introduit un nouveau souffle dans le christianisme en général, en réveillant la conscience des chrétiens à se préparer pour le second avènement ou retour du christ sur la terre.

C'est aussi Branham qui est le père du *«baptême au nom de Jésus»* et a contredit l'affirmation de Dieu trinitaire en déclarant qu'il n'y a qu'un seul Dieu qui s'appelait *«Jéhovah »* dans l'ancien testament et *« Jésus »* dans le nouveau testament, pour lui la trinité vient du malin.

Il a parlé de l'enlèvement, processus qui se fera pendant l'accomplissement du second avènement, en s'appuyant sur le récit de Paul aux Thessaloniciens (1The4:16-17) où les chrétiens élus vont rejoindre le christ descendant du ciel sur les nuées et avec qui ils vont y fêter pendant 1000ans(le millénium) avant qu'ils ne descendent pour juger le reste des habitants de la terre qui, pendant tout ce temps de millénium, étaient en train de souffrir dans la tribulation.

Avec plus de 3000 brochures qu'il a laissées derrière lui, plusieurs églises ont vues le jour suites aux divisions de ses adeptes.

Deux sujets sont à la base de divisions qui surgissent entre ses adeptes:

sujet sur la date de l'accomplissement du second avènement et le sujet sur le mariage et divorce.

Par rapport à la date de l'enlèvement ou la réalisation du second avènement, comme nous l'avions déjà expliqué bien avant, le problème qui se pose est que certains de ses adeptes ont remarqué , à partir des calculs en se basant sur les enseignements de Branham (plan de la rédemption) que la date prévue est totalement de loin dépassée, alors ils se sont mis à spéculera là dessus, ce qui a aboutit à des divisions formant 2 principaux groupes: groupe Branham-Dieu et le groupe Branham-prophète.

- Groupe Branham-Dieu :

Dans leurs spéculations, les uns ont aboutit à la conclusion selon laquelle Branham devait être lui-même le retour du christ sans toutefois vouloir s'autoproclamer, il a laissé le temps à ses disciples à le découvrir eux-mêmes: c'est le groupe connu sous la dénomination de «Branham - Dieu»

- Groupe Branham-prophète :

Les autres continuent, malgré l'incohérence de son enseignement avec la réalité, à garder Branham dans la positon de prophète précurseur de la seconde venue du christ mais avec une diversité des doctrines:

* Les uns ont compris qu'il doit y avoir d'autres âges de l'Eglise à ajouter sur les 7églises citées dans la bible (livre d'Apocalypse)auxquelles Branham a fait allusion dans ses enseignements. Plusieurs doctrines aussi sont nées dans cette branche.

* Pour les autres, Branham a légué sa mission à une nouvelle personne, « le serviteur fidèle et prudent » (dont la bible fait mention dans Mt 24:45) à la personne de pasteur allemand connu au nom de " Révérend frère Franc".

* Enfin, il y a ceux-là qui sont restés fidèle à la compréhension initiale et authentique des enseignements de Branham, le considérant toujours comme le précurseur du seigneur du second avènement, malgré le débordement de temps prévu.

En rapport avec le sujet de mariage et divorce, le problème est que Branham n'a pas été clair sur ce sujet, à tel enseigne que ses disciples l'ont compris de manière différente:

- les uns disent que Branham a permis la polygamie alors que les autres la nient,

- les autres disent que Branham a permis le divorce alors que les autres en disconviennent.

D'où viennent toutes ces contradictions faisant objet de multiples divisons doctrinales ? Quelle en est la véritable cause ?

Du point de vue du Principe, de la manière dont moi personnellement je l'ai compris et en tant qu'un ressortissant de l'église authentique de Branham, baptisé au nom de Jésus à Kisangani depuis l'année 1987 par le pasteur Kamulete, je voulais aider mes bien aimés frères en disant ce qui suit:

-Branham est réellement le vrai et principal précurseur du seigneur du second avènement car si quelqu'un qui a bien compris ces prédications et enseignements rencontre le Principe Divin du Rev.Dr. Moon, il va non seulement facilement le confirmer, mais aussi découvrir et justifier ses erreurs.

La principale cause de division de ses adeptes est en rapport avec les limites de la mission qui lui a été donnée par le ciel. Branham lui même dit: «*Cela me fait penser à ces trente et un ans que j'ai bientôt passés dans le ministère pour le seigneur. Je suppose que tout homme où il devra rendre son dernier service et où arrivera sa dernière heure; il devra se retourner pour voir le chemin parcouru, pour voir ce qui a été accompli, ce qui, ce qui s'est passé: "ai-je fait quelque ? "» Et, comme je viens de vous le dire, c'est ce que vous faites pour les autres qui compte. Je me demande souvent ce qui m'arrive quand j'atteindre le bout de ma route. Aucun de nous ne sait quel moment ce sera. Ainsi, j'ai pensé regarder en arrière pour voir le sentier que j'ai suivi durant ma vie, pour les montagnes, les amas de ronces, les rochers, et les endroits difficiles, les passages aisés, ce que j'ai fait en ce moment-là. Tout sera dévoilé un de jours, à l'heure de mon départ. Ce sera pareil pour chacun de nous. Nous pouvons en être sûrs ! Quand le moment sera venu, tout sera dévoilé de nous. Cela me conduit à dire quelque chose que j'aurais préféré taire. Cela me déchire profondément le cœur, mais je suis obligé de le dire, considérant que ceci est enregistré et que le monde l'entendra : j'ai quitté le ministère, et ceci pour une raison que je regrette. Peut être que beaucoup m'ont entendu parler de fermer mon bureau et de quitter le champ de ma mission. Je ne sais pas où notre seigneur va me conduire. Ce n'est pas moi qui décide et je ne sais pas ce qu'il va me donner à faire. Mais, à la fin de la route, je pense au lieu où je dois aller. Et, durant les voyages de la vie, j'ai fait tant d'erreurs que j'en suis désolé du fond du cœur parce que je crois qu'étant un homme plein de faiblesse... Cela nous fait agir autrement qu'on le voudrait. Ce notre faiblesse d'êtres humains qui nous fait passer par ces moments*» ("*Le serpent écrasé, Branham tabernacle, Jeffersonville, Indiana, USA, 1er juin1961, Page 3, paragraphes 19 à 21*)

- Premièrement, en tant que précurseur, comme il est dit plus haut, il n'avait pas le mandant de donner l'explication sur le second avènement qui est le domaine réservé au messie dans le septième sceau que lui même avait déclaré n'y avoir pas reçu une révélation.

Sa mission devait se limiter à préparer ses disciples à être prêts seulement pour une attente imminente du retour du christ. Voilà pourquoi, voulant déborder sa mission, c'est ce qui a causé la difficulté à ses interlocuteurs à comprendre son explication sur l'accomplissement du second avènement, d'autant plus qu'il n'a pas reçu ce mandat.

-Deuxièmes, en tant que précurseur, Branham ne devait se limiter que sur l'explication de l'affection fraternelle et non aller au-delà pour parler des enseignements en rapport avec le mariage et divorce qui est le domaine de l'amour conjugal et parental, réservé au messie. Branham ne devait se limiter qu'à expliquer aux chrétiens l'origine du péché qui est la chute de l'homme (péché sexuel) et défendre à l'humanité de ne plus continuer à commettre ce péché c'est-à-dire que les chrétiens ne se marient plus en attendant leur renaissance physique et spirituelle par la cérémonie « des noces de l'agneau » qui serait initiée par le messie en guise de changement de lignage: quitter le lignage satanique pour entrer dans le lignage de Dieu. Cette cérémonie permettrait d'ôter le péché originel au couple pour qu'il soit en mesure de donner des enfants sans péché originel. De même que le péché est entré à travers le couple (Adam et Eve), il doit être ôté aussi à travers le couple (nouvel Adam et nouvelle Eve).

En réalité, c'est la raison pour laquelle tous les prophètes qui sont venus en position de précurseurs comme Elie et Jean Baptiste ne se sont pas mariés, même les disciples de Jésus (les apôtres), ils attendaient pour *« prendre part aux noces de l'agneau »* qui devront être initiées par le messie seul pour permettre à Dieu d'entrer dans Son règne (Ap19 :6-9). De même Branham, en tant que précurseur ne pouvait pas aussi se marier, attendant le retour du christ(le second avènement). C'est pour raison que l'ange a averti d'abord ses parents puis lui même de ne pas *« se souiller des femmes, ni de la boisson alcoolique, ni de fumer et de toutes les autres souillures »*. Malheureusement Branham n'a pas bien compris cette instruction de Dieu, pour lui, il pensait que *« ne pas se souiller des femmes»* signifiait *« ne pas pratiquer le rapport sexuel avant le mariage»*. Cela était une mauvaise interprétation de cette instruction et cela prouve qu'il n'était pas en mesure de surmonter ses désirs sexuels, ce point était pour lui une faiblesse. C'est pourquoi, lorsqu'il a pris sa première femme, Dieu n'a pas été content, Il a fait mourir cette femme pour donner a Branham la chance de se ressaisir et de continuer avec sa mission. Mais Branham ne s'est pas ressaisit, il s'est permis de prendre une nouvelle femme. C'est Dieu qui a encore emporté cette deuxième femme par un accident de circulation où même Branham lui même aussi était agonissant. Toujours le fait de ne pas bien comprendre sa mission, Branham s'est permis de prier Dieu pour qu'il de sa femme et le prendre à sa place, et c'est ce que Dieu a été fait comme Il l'écoutait toujours.

Le fait que Branham s'est permis de prendre une femme par lui-même avant que les noces de l'agneau ne commence, cela a fait qu'il ne pouvait plus expliquer correctement les révélations que Dieu lui a faites. Par exemple, pour le mariage, par rapport au choix d'une épouse, Dieu lui a révélé le mariage d'Isaac comme le type de mariage à suivre. Mais il n'y avait plus moyen qu'il explique correctement ce que Dieu voulait par rapport à ce mariage, d'autant plus qu'il n'a pas suivi ce modèle de mariage : Isaac n'avait pas le droit de choix, c'est Abraham qui a envoyé son serviteur pour aller lui chercher une femme. C'est exactement ce qui se fait aujourd'hui pendant la cérémonie de *noces de l'agneau* pour les célibataires telle qu'initier par le seigneur du second avènement. C'est ce qu'on appelle le « matching », un système où le partenaire n'a pas le droit de choix, il dépend de choix de mandateur de Dieu. Par là on comprend que Dieu a donné à Branham une révélation qui préparait le matching. N'est-ce pas par rapport au mariage, sur la question qui lui a été posé au sujet de la résurrection, sujet de discussion entre les sadducéens et les pharisiens, Jésus leur répondit à ces mots : «*Les enfants de ce siècle prennent des femmes et des maris; mais ceux qui seront trouvés dignes d'avoir part au siècle à venir et à la résurrection des morts ne prendront ni femmes ni maris. Car ils ne pourront plus mourir, parce qu'ils seront semblables aux anges, et qu'ils seront fils de Dieu, étant fils de la résurrection.*» (Lc20 :34-36) ? Que cela signifiait-il ?

Par « *Siècle à venir* », Jésus faisait allusion a son second et « *être semblables aux anges,...* » signifie dépendre de Dieu et non plus avoir sur soi. C'est dire que Jésus expliquait déjà comment sera la cérémonie de noces de l'agneau qui ramène tout au système de Dieu, ce qui était au commencement : Adam ne s'est pas choisi une femme, il a été matché, comme Isaac était matché, montrant ce que sera le système de Dieu.

En fait, c'est ce que j'ai compris sur Branham du point de vue du Principe. C'est aspect de chose qui a embrouillé Branham dans l'interprétation de visions(révélations) que Dieu lui donnait de façon qu'il était déjà dans une positon médiane ambivalente, d'un côté Dieu, de l'autre côté Satan.

Si Branham pouvait bien accomplir sa mission, il pouvait bien découvrir le seigneur du second avènement, le proclamer et renaitre totalement à traves lui en pas sentant par la cérémonie de noces de l'agneau. C'est ce qui allait permettre au christianisme de corrigé la plus grande faute de judaïsme que Jean baptiste avait commise. Alors la providence de Dieu devait évoluer normalement, l'Amérique allait bien assumer son rôle de dispositif pour recevoir, proclamer et propager son idéologie partout dans le monde et permettre comment réaliser la volonté de Dieu sur terre.

Le sens du baptême au nom de Jésus prôné par Branham

Dans le judaïsme, pour être confirmé comme juifs, il fallait la circoncision. Mais Jean baptiste est venu avec autre chose, le baptême de repentance en immergeant la personne dans l'eau. Dans le christianisme, le baptême au nom du père, du fils et du saint esprit (renaissance) prend la place de circoncision alors que le baptême au nom de Jésus prend la place de baptême de repentance pour avoir le droit d'accès à la renaissance par le seigneur du second avènement.

Pourquoi au nom de Jésus ?

En tant que précurseur, Branham devait faire la propagande du messie (Jésus) qui revenait en corps physique à travers le seigneur du second avènement. Le baptême au nom du Père, du fils et du Saint-Esprit (**Père=Dieu, fils** (Jésus esprit)**=Adam spirituel, saint- esprit= Eve spirituelle**) est venu pour le salut partiel par le fait de l'incrédulité de peuple juif. Cette trinité spirituelle est issue d'une seule personne physique, Jésus. Si Jésus parvenait à trouver une épouse comme seconde Eve, il n'y aurait pas eu de trinité spirituelle, on allait directement avoir à faire à une trinité physique et totale (à la fois physique et spirituelle). Ainsi, comme Jésus revient à travers le seigneur du second avènement pour donner le salut total en trouvant une épouse physique et réaliser ainsi la trinité physique totale, le baptême au nom du Père, du fils et du Saint-Esprit peut-il encore être nécessaire? La réponse est non, la trinité spirituelle doit se souscrire à une seule personne physique, le messie, pour lui permettre à former la trinité physique totale en trouvant son épouse physique. Une fois l'épouse physique en position de la nouvelle est trouvée, d'office on revient à une trinité originelle : **Dieu, Adam** (seigneur du second avènement) **et Eve** (épouse du seigneur du second avènement).Parfois les chrétiens interprètent que l'épouse du christ c'est seulement l'Eglise. Cela n'est pas du tout faut, mais nous devons en connaitre correctement le sens. Le judaïsme à donné naissance au fils unique de Dieu mais n'a pas réussi a donné la fille unique de Dieu, ce qui revient à la mission du christianisme à donné naissance à la" fille unique de Dieu "

Sens de l'Eglise comme épouse du christ.

Nous savons déjà que la mission du christ est de donner le salut à l'humanité et accomplir l'idéal de Dieu sur la terre. Pour ce, comme nous l'avions déjà expliqué, le messie aura tout d'abord à accomplir le but de la création entant qu'Adam, c'est-à-dire devenir parfait, former une famille idéale parfaite et finalement réaliser un univers parfait par un règne d'amour (domination par amour) sur toute la création de Dieu(pour que la création ne gémisse plus comme c'est écrit dans Rm 8:19-22). En suite il aura à sauver les descendants déchus du premier Adam par instaurer une cérémonie capable de leur permettre de changer leur lignage, c'est-à-dire quitter le lignage de Satan pour accéder au lignage de Dieu ce qui veut dire accéder dans sa famille. Etant donné qu'on ne peut appartenir dans le lignage d'une personne qu'en moins de naître de lui(être son enfant), la cérémonie de changement de lignage ne peut être autre que celle dela "Renaissance". Or on ne peut parler de la naissance ou de la renaissance sans parler des parents par qui on peut naître ou renaitre. C'est pourquoi le christ doit être à la fois la source de sa propre descendance (son propre lignage) et de celle de ceux qui vont renaître en lui. Pour cette raison, la Bible déclare que le Christ, bien qu'ayant son corps physique, l'Eglise est aussi son "corps"(Eglise=corps du Christ). En plus de cela, l'Eglise est aussi appelée bibliquement l'*«épouse de Christ»*. Cela signifie que selon la Bible, l'Eglise doit jouer à la fois le rôle du corps et de l'épouse du christ. Donc, tenant compte de l'accomplissement de sa mission, le christ aura à travailler avec deux aspects de corps (l'Eglise comme son corps et son propre corps physique) et deux aspects d'épouses (l'Eglise comme son épouse et sa propre femme physique). Ces deux aspects (que ça soit pour le corps que pour l'épouse) sont comme l'aspect spirituel et l'aspect physique. Ainsi, pour sa propre descendance, les aspects physiques (son corps physique en position d'époux et son épouse physique) entrent en action, alors que pour la renaissance, ce sont les aspects spirituels (Eglise entant que corps du christ prend la positon de l'époux avec toujours l'Eglise comme épouse) entre en action par la cérémonie de changement de lignage ou de renaissance dans l'Eglise. Voilà pourquoi la Bible appelle cette cérémonie, *« la cérémonie des noces de l'agneau»*.

Cette explication permet de comprendre dans quel sens l'Eglise est appelée à la fois *«corps et épouse du christ»* et le sens de la *«cérémonie des noces de l'agneau»*, citée dans Ap 19:6-9. L'Eglise est là pour permettre la renaissance. C'est ce qui justifie aussi ce qui est dit dans la bible *«... Sion sera sauvée par la droiture, et ceux qui s'y convertiront seront sauvés par la justice.»* (Es 1: 27).

«Sion» représente la famille directe du messie (sa descendance physique) alors que *« ceux qui se convertirons »* représentent ceux qui vont renaitre en se convertissant dans la famille du messie par la cérémonie *« des noces de l'agneau »* (sa descendance d'origine spirituelle).

Une église autonome non dénominationnelle
Branham a instruit que la vraie Eglise de Dieu en position de l'épouse du christ doit être autonome et non dénominationnelle (ou interdenominationnelle). En effet, en tant que précurseur du seigneur du second avènement, Branham devait préparer en évitant tout blocage prévisible possible. Le plus grand blocage possible, s'il faut tenir compte de ce qui s'est passé à la première venue du christ est l'organisation hiérarchique de l'Eglise: à l'époque de Jésus, certains juifs qui ont été convaincus de son enseignement, ont été bloqués de le suivre à cause de l'influence hiérarchique

du judaïsme.   (Jn 7:12-13; 9:22; 12:42-43 ; Mc 11: 18). C'est pour cette raison que Branham n'a pas voulu que l'Eglise soit hiérarchisée, mais que l'église de chaque contée soit libre, pour ne pas être empêché par l'hiérarchie de suivre le messie dès qu'il se présentera devant eux. Il voulait que les églises soient comme les deux disciples de Jean qui ont suivi Jésus sans même attendre l'aval de leur maître (Jean). Donc, pour Branham, il fallait que les églises, au temps de la fin puissent être libres, ne pas être dépendantes ou liées à une hiérarchie qui risque de les empêcher de suivre le messie à son apparition comme c'était le cas à l'époque de Jésus. Branham a donc prévenu qu'il n'y ai la répétition de cette erreur. Au second avènement, comme la providence doit atteindre le niveau mondial, alors qu'à l'époque de Jésus elle était au niveau national (nation d'Israël), les caractéristiques individuelles de disciples du précurseur doit passer au niveau communautaire (église).

Par rapport à la dénomination, Branham ne voulait rien que briser les barrières doctrinales créées entre les chrétiens dues aux dénominations. Branham voulait donc que l'Eglise soit universelle pour tout chrétien en quête de la vérité. C'était donc un moyen pour rassembler les chrétiens attendant la venue du seigneur du second avènement. Branham a fait ce que Jean a fait à l'époque : Jean n'avait pas une église dénominationnelle, son église était inclusive, tout le monde pouvait y prendre part même les soldats, les péages et autres gens considérés comment " gens de mauvaise vie " (Mt 3:7-8 , Lc 3:10-14)

CONCLUSION et EXHORTATIONS

« *La bonne nouvelle du royaume* » est la vérité parfaite de Dieu permettant d'accomplir Sa volonté sur la terre, c'est-à-dire l'établissement du royaume de Dieu sur la terre. Seul l'homme sans péché peut bien la comprendre et l'incarner puis faire comprendre aux autres.

Dieu l'a transmise au premier Adam mais celui-ci n'a pas été en mesure de l'incarner pour transmettre à sa descendance. Le premier Adam a chuté c'est pourquoi il n'a pas construit le royaume de Dieu sur la terre mais plutôt le monde déchu ou royaume de Satan sur la terre à partir de sa famille déjà déchue.

Jésus en tant que second Adam (sans péché comme le premier Adam avant sa chute), Dieu lui a transmis « *la bonne nouvelle du royaume* » mais Jésus, bien qu'il l'ait incarnée, a rencontré une résistance (incrédulité) au peuple juifs « *qui ont rendu leur cœur insensible; Ils ont endurci leurs oreilles, et ils ont fermé leurs yeux, de peur qu'ils ne voient de leurs yeux, qu'ils n'entendent de leurs oreilles, qu'ils ne comprennent de leur cœur, qu'ils ne se convertissent, et que Jésus ne les guérisse* » (*Mt 13 :15*).Cette situation a rendu difficile la transmission de cette vérité à ses contemporains, d'où Jésus n'a pas construit le royaume de Dieu sur la terre, il a promis de revenir tout en recommandant de prier «*… que Ton royaume vienne, que Ta volonté se fasse sur la terre comme au ciel…*» (*Mt6 :10*)

Jésus est attendu par les chrétiens pour l'établissement du royaume de Dieu où il va récompenser chaque personne selon ses œuvres. Selon le Principe, un recueil des révélations de Dieu que Jésus a transmises au révérend Sun Myung Moon, Jésus-de-retour serait déjà sur la terre à travers le seigneur du second avènement qui est né dans une nation de l'orient qui a presque la même histoire que celle d'Israël. Le seigneur du second avènement est venu avec la nouvelle expression de la vérité (la bonne nouvelle du royaume) qui le guide à accomplir la volonté de Dieu sur la terre. Cette nouvelle expression de la vérité ou la bonne nouvelle du royaume étant une révélation de Dieu, ne peut être facilement comprise et acceptée car « *…, comme il est écrit, ce sont des choses que l'œil n'a point vues, que l'oreille n'a point entendues, et qui ne sont point montées au cœur de l'homme, des choses que Dieu a préparées pour ceux qui l'aiment. Dieu nous les a révélées par l'Esprit. Car l'Esprit sonde tout, même les profondeurs de Dieu. Lequel des hommes, en effet, connaît les choses de l'homme, si ce n'est l'esprit de l'homme qui est en lui ? De même, personne ne connaît les choses de Dieu, si ce n'est l'Esprit de Dieu* » (*1cor2 :9-11*).

Nous vivons donc les derniers jours de la souveraineté de Satan et les premiers jours de la souveraineté de Dieu qui est en train d'être installée par le seigneur du second

<u>avènement</u> (*comme un voleur dans la nuit, comme Noé était en train de construire l'arche jusqu'à ce que Dieu Lui-même ferme la porte*). <u>Seuls ceux qui ont découvert Jésus-de-retour à travers le seigneur du second avènement sont au courant et l'expérimentent.</u>

C'est pourquoi aujourd'hui nous voyons l'apparition de plusieurs personnes qui se disent être des prophètes ou des envoyés de Dieu comme *Abdouroushin, Russel, Ellen White, William Marion Branham, Baba Vagas, Sun Myung Moon, ...* Parmi ces hommes de Dieu, chacun a sa mission propre. D'une manière générale, il y a parmi eux le seigneur du second avènement et ses précurseurs dont un seul est principal, comme pendant la première venue, Jean était le principal précurseur mais il y a eu aussi Siméon et Anne qui ont témoigné Jésus. C'est partant de leurs fruits qu'on les jugera (Mt 7 :15-21)

Ceux qui pratiquent les sciences aux cultes et les mysticismes sentent qu'il y a un nouvel ordre mondial qui se pointe à l'horizon, qui va imposer son système non seulement aux humains mais à tout l'univers. Selon eux, n'ayant pas de notion sur le second avènement du Christ, pensent que ce nouvel ordre mondial proviendra des extra-terrestres.

Il s'agit plutôt du système messianique le « Dieuisme » qui est en train de se construire petit à petit alors que le monde se trouve dans la distraction.

Si tel est le cas, posons-nous cette question : la prophétie de temps de Noé n'est-t-elle pas en train de s'accomplir ?

« Ce qui arriva du temps de Noé arrivera de même aux jours du Fils de l'homme. Les hommes mangeaient, buvaient, se mariaient et mariaient leurs enfants, jusqu'au jour où Noé entra dans l'arche ; le déluge vint, et les fit tous périr. Ce qui arriva du temps de Lot arrivera pareillement. Les hommes mangeaient, buvaient, achetaient, vendaient, plantaient, bâtissaient ; mais le jour où Lot sortit de Sodome, une pluie de feu et de souffre tomba du ciel, et les fit tous périr. Il en sera de même le jour où le Fils de l'homme paraîtra. En ce jour-là, que celui qui sera sur le toit, et qui aura ses effets dans la maison, ne descende pas pour les prendre ; et que celui qui sera dans les champs ne retourne pas non plus en arrière. Souvenez-vous de la femme de Lot. <u>Celui qui cherchera à sauver sa vie la perdra, et celui qui la perdra la retrouvera.</u> Je vous le dis, en cette nuit-là, de deux personnes qui seront dans un même lit, l'une sera prise et l'autre laissée ; de deux femmes qui moudront ensemble, l'une sera prise et l'autre laissée. De deux hommes qui seront dans un champ, l'un sera pris et l'autre laissé. Les disciples lui dirent : Où sera-ce, Seigneur ? Et il répondit : Où sera le corps, là s'assembleront les aigles » (Lc17 :27-37).

Cette écriture nous interpelle à bien vérifier notre état d'esprit par rapport à notre compréhension au sujet du second avènement du christ et par rapport à notre temps. Chacun doit se poser les questions suivantes : suis-je sur le toit ? Dans le champ ? Sur la montagne ? Le toit, le champ, la montagne symbolisent le niveau de compréhension de chacun vis-à-vis de la bonne nouvelle du royaume : il sera donc question d'avancer que de reculer. Mon niveau de compréhension peut me permettre d'accepter la bonne nouvelle et suivre le seigneur du second avènement ou de la refuser, par conséquent haire, rejeter et persécuter le seigneur du second avènement comme ont fait les juifs à l'époque de Jésus le christ.

Comment sera mon attitude devant « la bonne nouvelle du royaume » quand elle se présentera devant moi ? Jésus dit « *(…) Mais, quand le Fils de l'homme viendra, trouvera-t-il la foi sur la terre ?* », ce qui prouve qu'il viendra avec une parole qui nécessitera la foi dont il aura besoin pour accomplir l'œuvre de Dieu *(Jn6 :28-29)*

Ellen White écrivît dans son ouvrage'' Tragédie des siècles'' «*le monde aujourd'hui n'est pas mieux préparé à recevoir le message pour notre temps comme les juifs ne le furent à accueillir l'avertissement du seigneur concernant Jérusalem. A quelque moment qu'il survienne, le jour du seigneur prendra les méchants au dépourvu. La vie suivra son cours ordinaire, les hommes seront absorbés par leurs affaires, par leurs commerces et leur amour de l'argent ; les conducteurs de la pensée religieuse exalteront les progrès et leurs lumières du siècle, et les masses seront bercées dans une fausse sécurité. Alors tel un voleur qui pénètre à minuit dans la demeure mal gardée, ''une ruine soudaine '' surprendra les inconscients et les impies et '' ils n'échapperont pas''* »

Branham dit : " *Dieu se cache et se révèle dans la simplicité* ". Il a développé cela en disant que la manifestation de Dieu se fait toujours de la manière dont l'homme ne peut s'attendre. La confusion qui a animé les juifs est probable d'être répétée dans le Christianisme au second avènement du Christ. D'où les chrétiens doivent être très attentifs par rapport à ce qu'ils pensent être la bonne explication présentement, car il est fort possible que le second avènement ne se présente pas de la manière dont ils s'attendent du fait que Paul dit « *Mais Dieu a choisi les choses folles du monde pour confondre les sages; Dieu a choisi les choses faibles du monde pour confondre les fortes; et Dieu a choisi les choses viles du monde et celles qu'on méprise, celles qui ne sont point, pour réduire à néant celles qui sont, <u>afin que nulle chair ne se glorifie devant Dieu.</u>* » *(1 col :27-29)*. Ne nous prétendons donc pas que nous connaissons quelque chose comme se prétendaient les juifs surtout les pharisiens et les disciples de Jean baptiste à l'époque de Jésus, alors ils ont été confondus par Dieu.

La bible dit :

« C'est pourquoi, selon ce que dit le Saint Esprit : Aujourd'hui, si vous entendez sa voix, n'endurcissez pas vos cœurs, comme lors de la révolte, Le jour de la tentation dans le désert, Où vos pères me tentèrent, pour m'éprouver, et ils virent mes œuvres pendant quarante ans. Aussi je fus irrité contre cette génération, et je dis : Ils ont toujours un cœur qui s'égare. Ils n'ont pas connu mes voies. Je jurai donc dans ma colère : Ils n'entreront pas dans mon repos ! Prenez garde, frère, que quelqu'un de vous n'ait un cœur mauvais et incrédule, au point de se détourner du Dieu vivant. » (Hb3 :7-12)

« Prenez garde à vous-mêmes, de crainte que vos cœurs ne s'appesantissent par les excès du manger et du boire, et par les soucis de la vie, et que ce jour ne vienne sur vous à l'improviste ; car il viendra comme un filet sur tous ceux qui habitent sur la face de toute la terre. Veillez donc et priez en tout temps, afin que vous ayez la force d'échapper à toutes ces choses qui arriveront, et de paraître debout devant le Fils de l'homme. » (Luc21 :34-36)

« Ne dormons donc point comme les autres, mais veillons et soyons sobres. Car ceux qui dorment dorment la nuit, et ceux qui s'enivrent s'enivrent la nuit. Mais nous qui sommes du jour, soyons sobres, ayant revêtu la cuirasse de la foi et de la charité, et ayant pour casque l'espérance du salut. » (1Th5 :6-8)

« Soyez toujours joyeux. Priez sans cesse. Rendez grâces en toutes choses, car c'est à votre égard la volonté de Dieu en Jésus Christ. N'éteignez pas l'Esprit. Ne méprisez pas les prophéties. Mais examinez toutes choses ; retenez ce qui est bon ; abstenez-vous de toute espèce de mal. » (1Thes5 :16-22)

« Je vous exhorte donc, frères, par les compassions de Dieu, à offrir vos corps comme un sacrifice vivant, saint, agréable à Dieu, ce qui sera de votre part un culte raisonnable. Ne vous conformez pas au siècle présent, mais soyez transformés par le renouvellement de l'intelligence, afin que vous discerniez quelle est la volonté de Dieu, ce qui est bon, agréable et parfait. » (Rom12 :1-2)

« C'est pour cela qu'il est dit : Réveille-toi, toi qui dors, Relève-toi d'entre les morts, Et Christ t'éclairera. Prenez donc garde de vous conduire avec circonspection, non comme des insensés, mais comme des sages ; rachetez le temps, car les jours sont mauvais. C'est pourquoi ne soyez pas inconsidérés, mais comprenez quelle est la volonté du Seigneur. Ne vous enivrez pas de vin : c'est de la débauche. Soyez, au contraire, remplis de l'Esprit ; entretenez-vous par des psaumes, par des hymnes, et par des cantiques spirituels, chantant et célébrant de tout votre cœur les louanges du Seigneur ; rendez continuellement grâces pour toutes choses à Dieu le Père, au

nom de notre Seigneur Jésus Christ, vous soumettant les uns aux autres dans la crainte de Christ » (Eph5 :14-21)

N.B : Après la lecture, prends le temps de réfléchir et de prier pour arriver à entendre la voie de la conscience. Ne sois pas animé par l'esprit de mépris mais réfléchis correctement et Dieu qui t'aime te viendra en aide si tu te confies sincèrement à Lui.'' *Lorsqu'un homme écoute la parole du royaume et ne la comprends pas, le malin vient et enlève ce qui a été semé dans son cœur…* '' (Mt 13 :19)

Tableau de parallélisme de temps providentiel

Chart 2: Parallel Providential Periods

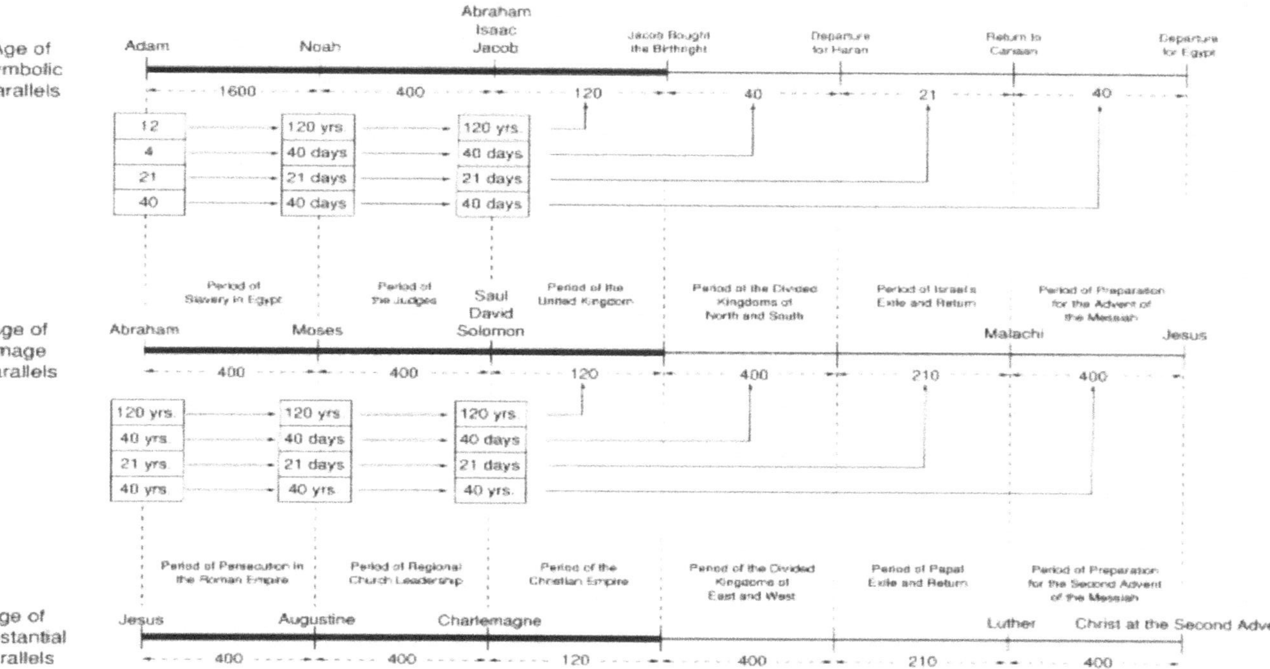